社会認識と自然認識の基礎を統合的に育成する

生活科授業

酒井達哉・原田信之・宇都宮明子

三恵社

はじめに

　早いもので，1989年の学習指導要領改訂時に生活科が設置されてから30年以上が経過した。低学年の理科と社会科を廃止して設置された生活科であったが，設置当初，マスコミからは「しつけ・道徳に力点：きまりを体験学習」，「道徳，図工も含める：修身的色彩が強まる」などと批判されたが，設置の立役者中野重人は「生活科のロマン」を語り続け，マスコミや関連学会の批判の矛先をかわしていった。

　しかしその後も，理科と社会科をわざわざ廃止して設置した統合的教科の中で，生活科の眼目ともいえる主体的学習者論を変えることなく，いかに社会的・理科的な認識を育てるのか，体験的学習を通してどのようにすれば社会的・理科的な認識が育つのか，といった問いに確固たる解答を見出すことができていない。時を経て，2017年告示版学習指導要領は，その改訂の特徴を端的に内容（コンテンツ）ベースから資質・能力（コンピテンシー）ベースへの転換と表現した。これにより，主体者である学習者の成長の姿として，資質・能力がどのように発達していくのか，この面からも縦断的接続のあり方が改めて問われることになった。このことは，生活科が歴史的に宿してきた課題に対し，小学校低学年から中学年への接続という切り口から，認識の側面に資質・能力の側面を加えたかたちで，再び，パンドラの箱が開けられたと見ることができる。

　他教科であれば教科の一貫した論理で説明がつけられるところかもしれないが，親学問不在の生活科では，幼児期の学びから生活科への接続，そして生活科の学びから小学校中学年以降への接続のあり方が問われることを意味しており，これはかなりの難題といえる。このことは，生活科という統合教科をわざわざ設置することの意味，すなわち，生活科という統合教科特有の学習原理の有効性，そして分化した理科・社会科ではなく両領域を統合したかたちで学ぶ学習活動としての有効性，さらには継続的・一貫的に資質・能力を育成していくカリキュラムとしての有効性が問われるということでもある。

　本書は，生活科の学びがこうした今日的課題に応えるものになっているかどうかという問題意識に立ち，日本の生活科の課題を克服し，新しい生活科として再

構築するための一石を投じることを目的に進められた研究の成果である。

　この課題克服のために，本書が試みたのは以下の 3 点である。第一に，2008 年告示版から 2017 年告示版までの学習指導要領生活編とそれに準拠した指導計画を分析し，学習指導要領のもとでの活動主義への短絡化，社会領域と理科領域という生活科内での統合の論理の欠如，第 3 学年以降の社会科や理科といった教科との縦断的接続の論理の欠如という生活科の課題を明確に示す。これらの課題から新たな接続の論理を打ち立てる必要があることを鮮明にし，一つの可能性として時間意識・歴史意識の育成という軸を設定して，その解決を試みている。第二に，ドイツの学習指導要領を分析し，ドイツの統合教科「事実教授」では，コンピテンシー（資質・能力）の設定を通して，生活科が抱える課題のいくつかを克服していることを明らかにする。すなわち，これは，コンピテンシー志向への転換（実質的な資質・能力ベースへの転換）が生活科の課題を克服した新しい生活科を再構築するための方途であるという立場から論じられるものである。第三に，このコンピテンシー（資質・能力）志向への実質的な転換を図ることで，近年において話題にされることの多い，非認知系コンピテンシー（＝非認知能力）と認知系コンピテンシーを一体的に育成する豊かで深い学びを創出する可能性を拓く。つまり，日本の生活科の課題を克服するこうした試みは，生活科をより充実させるための発展的な課題として，認知系・非認知系コンピテンシーを輻輳的に育成する生活科授業の開発構想を示すことで，生活科教育の新しい展望を示すことにつながる。

　日本とドイツは，ともに低学年特有の統合教科を有するという点で共通している。しかし，この統合教科は，日本の場合には第 1・2 学年に，ドイツの場合には第 1〜4 学年に設置されているという違いがある。つまり，主に自然科学領域と社会領域を統合的に扱うにしても，ドイツの場合には第 5 学年からの両領域への接続を展望すればよいのに対し，日本の場合には第 3 学年からの接続を考慮する必要があるということである。このような相違が存在するからこそ，第 3・4 学年においてもなお統合教科を設置しているドイツのケースは，統合教科でいかにその上位学年（第 5 学年以降）に接続しうるだけの認識や資質・能力を育てているのかに関し，格好のモデルになりうると考えられる。

執筆者一同

目次

第1章　時間意識の育成という観点から捉える初等段階の歴史学習
　　　　－ドイツ事実教授の教科書における時間学習を通して－

1　本章の目的

　本章では，時間意識の育成という観点からドイツにおける統合教科「事実教授」の教科書の時間学習に関する単元を分析することで，初等段階（第1～4学年）における歴史学習の教育内容を考察する。

　日本の生活科教科書においても，例えば，1日や季節の変化の考察や，昔と今の遊びの比較等，時間とともに変化する自然や社会の事象に着目した教育内容が取り上げられている [1]。これらの教育内容は子どもの興味・関心を喚起するものではあるが，子どもの生活世界との関連が重視され，時間学習の要素は断片的に組み入れられるにすぎないため，時間の原理的理解のために系統立てられてはいない。本来，小学校低学年における時間学習では，直線的な時間的経過，周期的な時間的経過，時間的変動といった多様な時間的経過や推移を把握することで，過去・現在・未来を結びつけ，今後の展望の獲得を可能にする時間意識の形成がめざされるべきである。この時間学習を小学校低学年段階で実施することで，第3・4学年での地域学習で扱う歴史関連の内容，第6学年での歴史学習との接続も可能になるはずであるが，生活科教科書の時間学習に関する教育内容をみると，そうした時間学習にはなっていないという課題がある。

　日本の生活科教科書では，時間に着目した教育内容が取り上げられているにもかかわらず，なぜ歴史意識の基礎としての時間意識の形成を可能にする学習にはなりえていないのであろうか。この課題を克服する方策と方途を明らかにすることができれば，歴史学習においても生活科と社会科との結束点を明らかにし，両者の接続カリキュラムの実現が展望できると考える。この考察に際し，ドイツの事実教授において教育内容を構成する5つの展望（社会科学・自然科学・地理・歴史・技術）の内，歴史的展望に着目する。事実教授は，小学校第1～4学年で実施される理科・社会・技術の教育内容を中核とした統合教科である。事実教授における歴史的展望では，第1・2学年では時間学習を展開しており，時間意識を形成するものになっていることが着目した理由である。

本章での考察において，事実教授教科書バイエルン州用"Piri"[2]を選択する。本教科書を選択した理由は，"Piri"は大手出版社が発行した広く多くの州で採用されている教科書であり，その中でバイエルン州用は州独自で，複数の州で使用される他州用と比較すると，歴史意識との接続を考慮に入れた時間意識の形成を図る構成になっており，本章での格好の分析対象であると判断したからである。本教科書の分析から，日本の生活科の時間学習における課題を克服する方策と方途の解明を試みることとする。

第2節では，事実教授教科書の歴史的展望の理論的背景であるドイツの初等段階における歴史学習観を把握し，第3節では，その歴史学習観を踏まえて，"Piri"の時間学習を分析する。第4節では，第3節の分析に基づき，生活科における時間学習の課題の克服に向けて示唆されることを明らかにし，日本の初等段階の歴史学習のあり方を考察する。以上の考察を通して，生活科における時間学習の課題を克服する方策と方途を究明することを試みる。

2　ドイツ初等段階における歴史学習観の分析

本節では，ドイツの初等段階における歴史学習観を分析する。ドイツの小学校歴史学習に関する文献の検討から，歴史学習観は1990年代半ばを境に変化していることが判明した。このことから本節では，1990年代半ば以前と以降に時期区分し，時期ごとに歴史学習観を分析する。

(1) 1990年代半ば以前の歴史学習観

K. ベルクマン（Klaus Bergmann）は，初等段階及び前期中等段階初期（日本の小学校第5・6学年に相当する）において歴史学習が軽視されてきたことを指摘し，その理由を3点述べる[3]。第1は，初等段階において歴史学習は早すぎると留保されたからである。初等段階の子どもは歴史的関連性の把握や歴史への理解がまだ十分にできないことから，思慮をめぐらして歴史を読み解くことは困難であり，歴史的事実とされるものに向き合うか受け入れることしかできないと考えられていた。第2は，歴史学習はイデオロギー的であるとして敬遠されたからである。1960年代後半から1970年代前半にかけて郷土科から転換した事実教授では，郷土科でなされてきた郷土の歴史的解明に役立つ歴史学習からの脱却を意図し，歴

史教育の重要な要素もイデオロギー的とみなされて排除されてきた。第3は，初等段階の歴史学習が学ぶ意義のあるものになっていなかったからである。初等段階の歴史学習は，時代順に分類された「過去のダイジェスト」にすぎず，それが自分とどのような関係があるのかが子どもには理解できないものになっていたのである。

　これら3点の理由から，発達段階からしても，実際に実施されている学校歴史学習の現状からしても，初等段階では意義ある歴史学習を実施することができないというのがドイツ初等段階の底辺に根強く残っていた歴史学習観であったといえる。

(2) 1990年代半ば以降の歴史学習観

　ベルクマンは，この根強い歴史学習観の背景にある3つの理由への反証を通し[4]，初等教育段階の歴史学習観の転換を試みた。第1の理由に対しては，発達心理学的視点から反論する。ベルクマンは，「学校外の影響はマスメディアの影響によって無統制に増大しているので，全ての歴史的なものの扱いに責任をもって指導することと，子どもたちに根気強く寄り添うことがますます学校に求められる」というH. ロートの主張を引用するとともに，最新の心理学研究に基づき，子ども自身の経験や調査に応じた歴史的問いや関心や要求から自ら判断し，探究した過去の出来事に関する説明は初等段階でも十分可能であるとし，歴史学習は早すぎるという主張に反論する。第2の理由に対しては，歴史が郷土愛に結びつけられてしまうと，それはイデオロギーに変節してしまうとして，郷土科における郷土愛学習の偏向性を批判し，事実に基づく歴史学習を構想するよう反論する。第3の理由に関しては，出来事を羅列した「過去のダイジェスト」としての歴史学習を否定し，歴史とは過去に関する知識の解釈により，その解釈に従って相互に結びつけられ，この解釈を起点にした語りは，過去の出来事を材料にした現在のアクチュアルな思考であるべきと反駁する。さらに，ベルクマンは歴史を現在の挑戦的で解決できない問いに自らの方法で取り組む過去についての熟考ともみなし，過去・現在・未来に新しい関連性を紡ぎだすための記憶の訓練になるという歴史学習の可能性を指摘する。これらの反論を通して，ベルクマンはこれまでの初等段階の歴史学習観の変容を試みたのである。

K. ミヒャーリク（Kerstin Michalik）は，歴史は事実教授の確かな構成要素であり，古い郷土科においても内容として装備されていたにもかかわらず，初等段階の歴史学習の影は薄く，なおざりにされた領域であったが，1990 年代半ばにその状況に変化が生じたと論じた上で [5]，当時の初等段階の歴史学習の 6 点の課題を指摘する [6]。第 1 は，16 州の事実教授学習指導要領において，確かに歴史の内容が考慮されるようになったが，約 3 分の 2 の州では，歴史の取り組みは第 3 学年か第 4 学年で始まり，時間理解が中心の第 2 学年と第 3 学年以降との間に断絶がみられると指摘する。第 2 は，ほぼ全ての州の事実教授学習指導要領で，郷土科で重視されてきた地域史・地方史・郷土史が歴史的内容の中心を占め，戦前からの郷土科の学習法を引き継いだ古いスタイルが目立ち，郷土科から脱却できていないことである。第 3 は，内容的に単純な比較（例えば，水供給の昔と今）や直線的な発展（例えば，車輪から自転車へ）が中心的テーマであり，歴史学習の醍醐味となる技術革新の原因や背景，人間の生活へのそれらの恩恵までは取り組まれていないことである。第 4 は，子どもの経験世界に出現する歴史に関連するテーマは考慮されるが，社会とのつながりや社会の変動性は考慮されていないことである。第 5 は，行為志向やプロジェクト志向等，主体的学習を促す多様な活動方法が考慮されず，専門的な資料の読み解き活動や専門特有の基礎的な活動方法，歴史的知識の洞察や認識は重要視されていないことである。第 6 は，事実教授教科書においても，歴史的史資料は十分活用されず，方法論的な手ほどきをするような資料活動が乏しいことである。ミヒャーリクは 1990 年代半ば以降，初等段階の歴史学習観の変容が図られていることは認めつつも，新しい歴史学習はなおも多くの課題を抱えていることを指摘する。

　D. v. レーケン（Dietmar von Reeken）も，1990 年代半ばに，初等段階の歴史学習における今後の課題を挙げている [7]。第 1 は歴史学習を通した政治教育，第 2 は歴史学習を通した現在の生活世界の変動性に基づく独自の行為可能性の考察，第 3 は他者理解を通した他者の展望を受け入れるための心構えや能力の発達，第 4 は自身の過去や社会的関連システムや出自となる集団の過去の説明を通したアイデンティティ形成，第 5 は学校外の施設や地域での活動を通した学校の開放性である。レーケンも，1990 年代後半から 2000 年代前半にかけての先行研究に依拠して歴史学習観の転換が生じていることを論じる一方で，ミヒャーリクと同様に，

新しい歴史学習の課題を指摘しているのである。

　三者の論考から，新しい歴史学習観の根底にある共通基盤が見て取れる。それは歴史学習の中心的目標としての歴史意識である。ドイツでは，H.‐J. パンデル（Hans-Jürgen Pandel）に依拠し，歴史意識は歴史性と社会性からなる 7 つの次元で捉えられている。このパンデルの構想では，歴史意識は，時間意識・現実意識・歴史性の意識という 3 つの歴史性の次元，アイデンティティの意識・政治意識・経済社会の意識・モラルの意識という 4 つの社会性の次元に分類される [8]。(a)時間意識は，歴史学習のための時間の多様な形式（過去・現在・未来，昨日・今日・明日）を描写し，時間軸や次元軸を使って出来事を把握するといった時間や時代を扱う能力である。(b)現実意識は，小説や神話や伝説といった文学的なジャンルと関わり，現実と虚構との間に境界線を引く能力である。(c)歴史性の意識は，歴史的過程を不変性や変動性を基準に考察し，判断する能力である。

　4 つの社会性の次元は，社会の複雑性と関連づけられる。(a)アイデンティティの意識は，時間的展望において異なる集団に対し，自らや自らの属する集団を「私たち」というまとまりとして理解する個人と集団の能力である。(b)政治意識は，権力の社会的関係，社会状況における支配構造を認識し，権力の所在を突き止め，問題視する能力である。(c)経済社会の意識は社会的不平等，その成立や配分，合法性を意識し，社会的差異の原因を説明する能力である。(d)モラルの意識は法や規則に基づき善悪を評価し，時代による判断規準の相違を考慮する能力である。

　ベルクマンは，パンデルの歴史性の 3 つの次元が，社会性の次元の各意識と結びつき，歴史性の次元の各意識が歴史的社会と関連しあうことで子どもは歴史上出現してきた社会を自身の今の社会とは異なる生活状況であることを視点として考えたり，現在とは異なる価値観と遭遇することでアイデンティティを形成したり，見方・考え方や心情を当時の人の側に立って推察する（感情移入）などの能力を促進したりすると考える [9]。ベルクマンは，パンデルに依拠し，当時の見方・考え方，心情の推察（感情移入）に基づく他者（当時の人の）理解を通して過去を熟考することで歴史意識を育成することを歴史学習と捉えているのである。ミヒャーリクは，パンデルの歴史意識の概念規定は現実を解明する機能を持つとし，歴史意識を育成する歴史学習は，歴史的状況や解釈に主体的・知的に取り組む能力を育成し，歴史的な裏づけをもって現在の進むべき方向性の展望や選択が可能

になると考える [10]。レーケンも，パンデルに依拠しつつ，K. -E. ヤイスマン（Karl-Ernst Jeismann）を引用し，事実判断と価値判断からなる歴史分析に基づくと，過去の成り行きや過去に起こった事態に対する過去の歴史の再構成や，過去に関連づけられた視点から秩序ある解釈が生じると論じる [11]。三者の主張から，事実教授の歴史的展望（歴史に関連づけられた学習）において未だ抱えている課題を克服し，他者理解を通して過去・現在・未来という時間軸上で自らの行為を方向づけるための鍵的概念として，歴史意識が新しい歴史学習観の共通基盤となっていることが分かる。

　これより，三者はともに初等段階において歴史意識を育成する歴史学習をめざしていることが明らかである。初等段階では意義ある歴史学習は実現不可能であるとした 1990 年代半ばまでの歴史学習観から脱却し，歴史意識を育成するという観点から初等段階の歴史学習に積極的な役割を付与している。そして，歴史的社会の考察から，見方や考え方，心情の推察（感情移入）や他者理解といった能力を育成し，その能力を通して，現在の社会の多様性を解明し，過去と現在を結び付けることで，未来の社会までも含めた今後の展望を獲得する歴史学習を求めているのである。

　以上から，1990 年代半ば以降，歴史意識の育成のための意義ある歴史学習を実施すべきであるという歴史学習観に変容したといえよう。

3　事実教授教科書 "Piri" における時間学習の分析

　第 2 節では，1990 年代半ば以降，歴史意識の育成をめざす新しい歴史学習観へと変容したことを明らかにした。本節では，この歴史学習観に基づき，時間（歴史）意識の育成という観点から "Piri" 及び，その教師用指導書（第 1 学年用） [12]，（第 2 学年用） [13] を分析する。

(1) "Piri" の時間学習

　第 1・2 学年の事実教授の教科書 "Piri" を歴史意識の育成という観点から分析し，時間学習に関連する内容を整理したのが表 1-1 である。

表1-1　"Piri"における時間学習

学年	単元	小単元	学習目標	学習活動	時間（歴史）把握	歴史意識の次元
第1学年	時間は過ぎ去る	君の1日	・生活世界の時間的区分に関する概念を適切に応用し，それにより方向づける	・レアの1日の描写 ・自分の1日の描写 ・自分の1日と他人の1日の比較	直線的理解 周期的理解 客観的時間の中の<u>主観的時間</u> 自然の時間の中での<u>人間の時間</u>	時間意識 アイデンティティの意識
		昼と夜	・生活世界の時間的区分に関する概念を適切に応用し，それにより方向づける	・昼の家族の1日の描写 ・夜の家族の1日の描写 ・人間，動物，植物の1日の描写	直線的理解 周期的理解 客観的時間の中の<u>主観的時間</u> 自然の時間の中での<u>人間の時間</u>	時間意識 アイデンティティの意識
		1週間は7日からなる	・時間的スパンを日や年の経過における変動についての独自の考察と関連づけ，自然的リズムと時間の区分との関連を詳しく説明する	・事例となる1週間のスケジュール帳の記述内容の描写 ・スケジュール帳への追加記入 ・平日と休日のスケジュールの比較	直線的理解 周期的時間 客観的時間の中の<u>主観的時間</u> 自然の時間の中での<u>人間の時間</u>	時間意識 アイデンティティの意識
		学校の今と昔	・生活世界の変動性と継続性を自分の経験領域からの事例で詳しく説明する ・選択された資料に基づいて，自身の生活における時間的スパンを報告し，それを時間の経過表に記録する	・昔と今の教室の写真の比較 ・祖父母の小学校時代に関する調査 ・昔の小学校の通学日の調査	直線的理解 主観的時間 人間の時間	歴史性の意識 アイデンティティの意識 モラルの意識
		私は今できる		・これまでの学習を通してできるようになったことの確認 ・発展的学習	直線的理解 客観的時間と主観的時間 自然の時間と人間の時間	時間意識 歴史性の意識 アイデンティティの意識

第2学年	昔と今	私の時間の経過表	・選択された資料に基づいて，自身の生活における時間的スパンを報告し，それを時間の経過表に記録する ・時間的スパンを日や年の経過における変動についての独自の考察と関連づけ，自然的リズムと時間の区分との関連を詳しく説明する	・自分の生活史に関する資料の持参 ・その資料に関する自分と親の記憶の比較 ・時間の経過表作成 ・小学校入学時の自分と同級生の記憶の比較	直線的理解 主観的時間 人間の時間	時間意識 アイデンティティの意識
		家族の今と昔	・選択された資料に基づいて，自身の生活における時間的スパンを報告し，それを時間の経過表に記録する ・生活世界の変動性と継続性を自分の経験領域からの事例で詳しく説明する	・教科書にある様々な家族の形態を示した写真の比較 ・自分の家族に関する説明 ・家族に関する親・祖父母への調査	直線的理解 主観的時間 人間の時間の中での家族形態の継続や変動	歴史性の意識 アイデンティティの意識
		時間の変動の中の遊び	・選択された資料に基づいて，自身の生活における時間的スパンを報告し，それを時間の経過表に記録する ・生活世界の変動性と継続性を自分の経験領域からの事例で詳しく説明する	・ブリューゲルの絵画"子どもの遊び"の観察 ・絵画の中の子どもの遊びとおもちゃの発見 ・当時の子どもの遊びの考察 ・親や祖父母の遊びの調査	直線的理解 主観的時間 人間の時間の中での子どもの遊びの継続や変動	歴史性の意識 アイデンティティの意識
		聖マルティノ	・過ぎ去った出来事の再構築の際の資料の意義を説明し，その再構築はなぜ常に完全ではなりえないのかを根拠づける ・歴史的出来事と創作された物語とを区別する ・物語・伝説・映画・漫画の歴史的内容の背景を問う	・聖マルティノに関するイラストの説明 ・聖マルティノに関する慣習の考察 ・聖マルティノに関する多様な伝説の調査 ・伝承による伝説の変化に関する考察	歴史の構築性理解	現実意識

まとめの頁		・これまでの学習を通してできるようになったことの確認 ・発展的学習	直線的理解 主観的時間 人間の時間 歴史の構築性理解	歴史性の意識・現実意識・アイデンティティの意識
カレンダー	・生活世界の時間的区分に関する概念を適切に応用し，それにより方向づける ・時間的スパンを日や年の経過における変動についての独自の考察と関連づけ，自然的リズムと時間の区分との関連を詳しく説明する ・祝祭をその日付，または，1年の経過における時間的位置で整理する	・各月の祝祭日の確認 ・単語カードに挙げた祝日の曜日の確認 ・カレンダーにある記念日の調査 ・身近な地域の慣習の調査 ・異なる形式のカレンダーの比較	直線的理解 周期的理解 客観的時間の中の主観的時間 自然の時間の中での人間の時間	時間意識 アイデンティティの意識
年時計	・時間的スパンを日や年の経過における変動についての独自の考察と関連づけ，自然的リズムと時間の区分との関連を詳しく説明する	・各季節の特徴の考察 ・各季節の始まる時期の確認 ・自分の誕生日が属する季節の確認	直線的理解 周期的理解 客観的時間の中の主観的時間 自然の時間の中での人間の時間	時間意識 アイデンティティの意識
クリスマス	・祝祭をその日付，または，1年の経過における時間的位置で整理する	・教科書にあるクリスマスの慣習を示す写真の考察 ・自分の家でのクリスマスに関する説明 ・クラスでのクリスマス行事の実施	直線的理解 周期的理解 客観的時間の中の主観的時間 自然の時間の中での人間の時間 民族や宗教で異なる社会生活	時間意識 アイデンティティの意識
まとめの頁		・これまでの学習を通してできるようになったことの確認 ・発展的学習	周期的理解 客観的時間の中の主観的時間 自然の時間の中での人間の時間	時間意識 アイデンティティの意識

※時間（歴史）把握の欄の下線部は，重点が置かれている時間把握を意味する。
（"Piri1" S. 39-44，指導書 S. 108-122，"Piri2" S. 41-52，指導書 S. 114-135 より宇都宮作成）

表 1-1 は，横軸に学年・単元・小単元・学習目標・学習活動・時間（歴史）把握，歴史意識の次元という項目を設定し，縦軸で小単元ごとの各項目の内容を示したものである。同表では，各小単元がどのような学習目標の下でどのような学習活動を実施することで，時間（歴史）を把握し，どのように歴史意識を育成しているのかを明示することを意図している。

　第 1 学年の時間学習に関する単元は「時間は過ぎ去る」であり，その小単元は「君の 1 日」，「昼と夜」，「1 週間は 7 日からなる」，「学校の今と昔」，「私は今できる」という小単元からなる。「君の 1 日」と「昼と夜」は，バイエルン州レアプラン [14]（学習指導要領に相当。以下，レアプランとする）の単元区分 4.1 の「生活世界の時間的区分に関する概念を適切に活用する」を学習目標とする。「君の 1 日」では，教科書の事例に登場するレアという子と自分，同級生の 1 日を描写・比較することで，生活世界の経験事例から人はそれぞれ異なる時間配分のもとで暮らしていることを考察する学習活動になっている。「昼と夜」では，昼夜で異なる家族の 1 日，人間・動物・植物で異なる 1 日を描き出すことで，生活世界の経験事例から多様な時間配分の可能性を検討する学習活動が構想されている。両小単元は，1 日というスパンでの時間の直線的理解とその 1 日は繰り返されるという周期的理解をしつつ，1 日という客観的で自然の時間の中での個人の主観的時間，人間の時間の活用の仕方の多様性を重視した時間把握をめざす。両小単元は，この時間把握を通して，自己と他者の時間の過ごし方から時間意識とアイデンティティの意識を関連づけて育成する。

　「1 週間は 7 日からなる」は，レアプランの単元区分 4.1 の「時間的スパンを日や年の経過に見られる変動性についての独自の考察と関連づけ，自然の周期リズムと時間の区分との関連を詳しく説明する」を学習目標としている。ここでは，スケジュール帳を活用した 1 週間というスパンでの時間配分，平日と休日で異なる時間配分を考察する学習活動を行う。本小単元は 1 週間という時間を直線的に理解するとともに，1 週間の各曜日の生活の営みのうちの繰り返されるものを取り出すことで，1 週間という時間サイクルの周期性を理解し，さらに，1 週間という客観的で自然の時間の中での各自の主観的時間，人間の緩急をつけた時間の活用の仕方に目を向けて時間を把握する。本小単元は，こうした時間把握を通して，自己と他者，曜日で異なる時間の過ごし方から時間意識とアイデンティティの意

識を関連づけて育成している。

　「学校の今と昔」は，レアプランの単元区分 4.2 の「生活世界の変動性と継続性を経験領域からの事例で詳しく説明する」，「選択された資料に基づいて，自身の生活における時間的スパンを報告し，それを時間の経過表に記録する」を学習目標とする。ここでは，昔と今の教室の写真や，祖父母と自身の小学校生活を比較する学習活動を実施する。本小単元では，祖父母の世代から現在までの時代の変化を直線的に理解し，10 年前が少し前のことと感じられたり，はるか昔のことと感じられたりするなど，世代で異なる主観的時間と人間の営みにより変動する時間の捉え方から時間を把握する。学校は共通の場所であっても，世代間で異なる規律のもとで学校生活を営んでいることから，その世代間の比較から変動性や継続性（共通性）を捉える歴史意識とアイデンティティの意識とモラルの意識を組み合わせて育成する。

　「私は今できる」は，単元全体を総括する小単元である。1 週間の曜日の名称や由来，時間にかかわる様々な言葉や表現，人間・動物・植物により異なる 1 日の生活時間など 1 日や 1 週間という時間的スパンに関するこれまでの学習内容を確認する。ここでは，なぜ 1 週間は 7 日なのか，なぜ時間は早く過ぎたり，遅く過ぎたりするのかといった問いを立て，これまでの学習を踏まえ，人間が営む時間や時間の活用の仕方，主観的時間といった本単元の主要な学習内容を発展的に学習することが意図される。

　第 2 学年の時間学習に関する単元は，「昔と今」と「時間」という 2 つの小単元で構成される。「昔と今」は，「私の時間の経過表」，「家族の今と昔」，「時間の変動の中の遊び」，「聖マルティノ」，「まとめの頁」という 5 つの小単元からなる。「私の時間の経過表」は，レアプランの単元区分 4.2 の「選択された資料に基づいて，自身の生活における時間的スパンについて報告し，それを時間の経過表に記載する」，単元区分 4.1 の「時間的スパンを日や年として経過する際の変動性についての独自の考察と関連づけ，自然の周期と時間の区分との関連を詳しく説明する」を学習目標とする。自身の生活史に関する資料についての親と自身の記憶を比較したり，それらの記憶に基づいて時間の経過表を作成したり，他者の時間の経過表と比較したりすることが主要な学習活動となっている。この小単元では，誕生から小学校第 2 学年までの時間的スパンを直線的に理解し，自分や同級生各

自で異なる時間の経過表を比較し，主観的時間や人間の営みの時間として時間把握をする。各自の生活史の比較を通して時間意識と各自のアイデンティティの意識を関連づけて育成する。

「家族の今と昔」は，レアプランの単元区分 4.2 の「選択された資料に基づいて，自身の生活における時間的スパンについて報告し，それを時間の経過表に記載する」，「生活世界の変動性と継続性を自分の経験領域からの事例を用いて詳しく説明する」を学習目標にしている。教科書にある昔の大家族，核家族，片親の家族，共働き家族の写真を比較することで多様な家族形態を考察し，その観点から自分の家族形態を説明し，さらに，親や祖父母への調査から世代間で異なる家族形態を認識する学習活動を行う。この小単元では，祖父母の世代から現在までの家族形態の継続性や変動性を直線的に理解し，同級生間，世代間で異なる主観的時間，人間の営みの時間の中での家族形態の継続性や変動性という側面から時間の歴史性を把握する。同級生間，世代間それぞれの家族形態の比較を通して各自の歴史性の意識とアイデンティティの意識を関連させて育成する。

「時間の変動の中での遊び」は，レアプランの単元区分 4.2 の「選択された資料に基づいて，自身の生活における時間的スパンについて報告し，それを時間の経過表に記載する」，「生活世界の変動性と継続性を自分の経験領域からの事例を用いて詳しく説明する」を学習目標とする。ブリューゲルの"子どもの遊び"（1560年）という絵画は世界的に有名な作品であるが，この絵画を観察し，その絵に描かれた遊びから当時の子どもの遊びを把握し，それを親や祖父母，自分たちの遊びと比較する学習活動が構想されている。本小単元では，1560年から現在までの遊びの継続性や変動性を直線的に理解し，主観的時間や人間の営みとしての時間の中での遊びの継続性や変動性を通して歴史的な見方を養う。16世紀，祖父母，親，現在といった世代間の遊びの比較を通して歴史性の意識とアイデンティティの意識を育成する。

「聖マルティノ」は，レアプランの単元区分 4.2 の「過ぎ去った出来事の再構築の際の資料の意義を説明し，その再構築はなぜ常に完全ではありえないのかを根拠づける」，単元区分 4.3 の「歴史的出来事と創作された物語とを区別する」，「物語・伝説・映画・漫画の歴史的内容の背景を問う」を学習目標とする。ここではイラストの説明から聖マルティノについての既有知識を確認したり，聖マル

ティノに関する異なる慣習を比較したり，多様な伝説の調査から伝説の伝承性や構築性を考察したりする学習活動を実施する。この小単元では，聖マルティノという人物が存在していたという事実と，彼に関する多様な架空の伝説があるという，事実と架空とを区別することの重要性に気づかせ，歴史が人の手によって，時には脚色が加えられたり，誰かの解釈で作り直されたりして構築されるものであるという歴史の構築性という特質を把握する。ここでは，歴史性の次元の内，架空（フィクション）と事実を識別するための現実意識を重点的に育成するのである。

　「まとめの頁」は，本単元を総括する小単元である。過去について報告する複数の史資料を読解し，語り直すことで，歴史の構築性や歴史の継続性や変動性に関するこれまでの学習内容を確認する。さらに，未来の子どもたちは何を使って，どのように遊ぶのか，自分の未来をどのように考えるのかといった問いを通して，未来までも視野に入れた時間軸で本単元を通して学んだ時間の変動性や継続性などの時間考察を通して，学習内容を発展的に学習することがめざされている。

　「時間」の単元は，「カレンダー」，「年時計」，「クリスマス」，「まとめの頁」という 4 つの小単元からなる。「カレンダー」は，レアプランの単元区分 4.1 の「生活世界の時間的区分に関する概念を適切に活用する」，「時間的スパンを日や年の経過における変動性について独自に考察したり関連づけたりして，自然の周期性（リズム）と時間の区分との関連を詳しく説明する」，「祝祭をその日付，または，1 年の経過における時間的位置で整理する」を学習目標とする。各月の祝祭日や記念日の確認，各地域の慣習調べ，多様なカレンダーの比較といった学習活動が中心となる。ここでは，1 年をカレンダーで直線的に理解するとともに，月の公転で繰り返されるものとしての時間の周期性も理解し，月の公転に従う客観的な時間としての自然の時間に重点を置きつつ，その時間軸に位置づけられた祝祭日や記念日に代表される地域で異なる主観的時間，人間の営みとしての時間を把握する。本小単元は，この時間把握を通して，自己や他者，各月で異なる時間との関わりから時間意識とアイデンティティの意識を関連づけて育成する。

　「年時計」は，レアプランの単元区分 4.1 の「時間的スパンを日や年の経過における変動性について独自に考察したり関連づけたりして，自然の周期性（リズム）と時間の区分との関連を詳しく説明する」を学習目標とする。各季節の特徴

を考察したり，季節や各月と関連づけたり，季節と自分や同級生との関連を把握したりする学習活動が中心である。1年を年時計で直線的に理解するとともに，地球の自転で反復されるものとしての周期性も理解し，地球の自転という客観的時間としての自然の時間を重視しつつ，主観的時間，人間の営みとしての時間をそこに位置づけて多角的に時間を把握する。本小単元は，こうした時間把握を通して，自己や他者，自然のリズムと人間の生活世界との関連から時間意識とアイデンティティの意識を関連づけて育成する。

「クリスマス」は，レアプランの単元区分 4.1 の「祝祭をその日付，または，1年の経過における時間的位置で整理する」を学習目標とする。教科書の事例として示されたクリスマスの慣習を説明することで既有知識を確認したり，自身や同級生の家庭でのクリスマスの慣習を比較したり，クラスでクリスマス会を実施したりすることが主な学習活動である。1年の中にクリスマスを位置づけることで1年を直線的に理解するとともに，毎年繰り返される祝祭として周期的にも理解し，毎年という客観的時間，自然の時間の中でのクリスマスという重要な祝祭を主観的時間，人間の営みとしての時間として位置づけ，時間の規則性や多様性を把握する。本小単元は，この時間把握を通して，自分や他者，自然のリズムと人間の生活世界との関連から時間意識とアイデンティティの意識を関連づけて育成する。

「まとめの頁」は，本単元を総括する小単元である。季節の名称やクリスマスの慣習など1年という時間的スパンの反復やそのスパンの中での人々の営みに関するこれまでの学習内容を確認する。さらに，なぜ1年が366日の年があるのか，他の国ではどのような祝祭があるのかといった問いを通して，地球の自転といった科学的認識や他国の祝祭といった社会認識と接続させることで，本単元の学習内容の更なる発展が試みられる。

これまでの表 1-1 の説明から，"Piri" のレアプランに依拠した時間学習に関する単元では，各小単元の学習目標に即した学習活動を通して，時間ないし歴史を把握することで，歴史意識の育成をめざす時間（歴史）学習がなされていることが判明した。

(2) "Piri" の時間学習の特徴

本節の(1)では，"Piri" の時間学習を時間（歴史）意識の育成の観点から小単元

ごとに検討した。ここでは，表 1-1 に示された時間学習の内容をさらに検討し，教科書 "Piri" に基づき，全単元を貫く時間学習の特徴を究明する。同表の検討から明らかにした "Piri" の時間学習の特徴は以下の 8 点に整理することができる。

　第 1 は，直線的理解と周期的理解からなる時間構造の把握である。"Piri" の小単元では，小単元ごとに設定された時間的スパンに即して，過去から現在，更には未来まで続く直線的な時間と日・月・年，または季節で反復的に繰り返される周期的な時間という 2 つの時間構造の把握がなされていることが分かる。

　第 2 は，客観的時間と主観的時間からなる時間の性質の把握である。地球の自転や月の公転といった自然科学的な意味における客観的時間と人間の社会生活における共生を可能にする時間秩序や時間規則といった社会科学的な意味における主観的時間という時間の性質の把握のことである。

　第 3 は，自然の時間と人間の営みにかかわる時間からなる時間の把握である。ここでは，季節の永続的反復，自然や人間の誕生と消滅といった不可避の規則性を伴う自然の理（ことわり）としての時間，各世代で異なり世代特有の暮らしにより形成される歴史的時間としての人間の時間という時間把握がなされている。

　第 4 は，これら 3 つの時間の把握を小単元ごとに関連づけながら，多層的な時間把握を実現していることである。第 1 学年の「君の 1 日」「昼と夜」「1 週間は 7 日からなる」や第 2 学年の「カレンダー」「年時計」「クリスマス」といった一定の時間的スパンの中での社会生活上の秩序形成を意図した小単元では，直線的時間と周期的時間という時間把握とともに，客観的時間，自然の時間の中での主観的時間，人間の営みとしての時間という時間把握がすべて組み合わせられて多層的な時間把握がされている。第 1 学年の「学校の今と昔」，第 2 学年の「私の時間の経過表」「家族の今と昔」「時間の変動の中の遊び」といった過去から現在までの歴史的時間の中での継続性や変動性を考察する小単元では，客観的時間，自然の時間とは切り離された直線的な時間把握と主観的時間，人間の時間を組み合わせた時間把握がなされている。

　第 5 は，時間（歴史）把握は学年段階が上がるにつれ，複雑化・高度化していることである。第 1 学年の「君の 1 日」「昼と夜」「1 週間は 7 日からなる」と第 2 学年の「私の時間の経過表」「カレンダー」「年時計」「クリスマス」は質的に類似した時間把握がなされる。第 1 学年の各小単元は，自らの生活世界に関連しているた

め理解しやすい主観的時間や人間の営みとしての時間に重点を置いた時間を把握する。それに対し，第2学年の「カレンダー」や「年時計」は，子どもの生活世界から離れた自然科学的な意味における客観的時間や自然の時間に重点を置きつつ，主観的時間や人間の営みとしての時間を考慮する時間把握へと発展している。「私の時間の経過表」は，直線的理解と主観的時間，人間の時間という時間把握からなるため，第1学年の3つの小単元と類似しているが，その時間的スパンは子どもの誕生から小学校第2学年までに拡張している。「クリスマス」は，主観的時間と人間の営みとしての時間に重点を置いているが，単なる時間把握にとどまらず，クラス内の多様な出自や宗教で異なる慣習の比較を通した歴史把握までがめざされている。第1学年の「学校の今と昔」，第2学年「家族の今と昔」，「時間の変動の中の遊び」も質的に類似した時間把握となっている。「学校の今と昔」は写真から視覚的に見て取れる学校風景の単純な比較考察であるが，「家族の今と昔」，「時間の変動の中の遊び」は写真や絵画の比較考察にとどまらず，家族や遊びを中心とした社会生活の継続性や変動性の比較考察へと発展している。また，歴史的事実と架空（フィクション）を区別し，歴史の構築性を考察するための小単元は第2学年の「聖マルティノ」のみである。第1学年ではこの考察は困難であり，第2学年段階で初めて実施可能であると判断されていると考えられる。

　第6は，第5の特徴までで検討した時間（歴史）把握を通して，時間意識と現実意識と歴史性の意識という3つの歴史性の次元が全て育成されていることである。時間（歴史）把握は，歴史意識の育成のためになされているといえる。

　第7は，歴史意識の歴史性の3つの次元はアイデンティティの意識と関連づけられて育成されていることである。第1・2学年段階では自己を中核に据え，自身と同級生・親・祖父母との相対的関係性の中で時間や歴史を把握することが構想されている。

　第8は，第1・2学年段階の時間学習では，歴史意識の中でもとりわけ，時間意識の育成が重視されていることである。自身を中核としたアイデンティティの意識を通して時間を捉えるこの学年段階においては，自己を起点として過去・現在・未来を方向づける時間意識を育成することが妥当とされている。

　第1〜第5は，時間（歴史）把握，第6〜第8は，時間把握を通した歴史意識の育成に関する特徴である。以上の特徴から，“Piri”における時間学習は，時間（歴

史）の理解を学年段階で発展的に成長させながら歴史意識の育成をめざすもので
あり，1990 年代半ば以降の歴史学習観に対応し，その歴史学習観を時間学習とし
て，身近な自然・社会（生活）の営みと関連させて具体化していると判断できる。

4　初等段階の歴史学習に関する考察

　前節では，"Piri" を分析し，その時間学習が新しい歴史学習観に対応し，歴史
意識の育成を図るものであることを分析した。本節では，"Piri" の時間学習が日
本の生活科における時間学習の課題に対して与える示唆を明示することで，初等
段階の歴史学習の可能性を考察する。

　前節までの考察から，"Piri" で構想された時間学習が日本の生活科に与える 3
点の示唆が明らかになる。第 1 は，時間の原理的理解を可能にする時間（歴史）
把握に対する示唆である。生活科教科書には，確かに時間把握に関する教育内容
は組み込まれている。しかし，それらの教育内容は互いに関連づくことなく配列
されているため，時間の原理的理解は不可能であった。一方，"Piri" では直線的
理解と周期的理解，客観的時間と主観的時間，自然の時間と人間の時間という 3
つの時間把握が設定されるとともに，学年が進行するにつれてこれらの時間把握
を組み合わせながら複雑化・高度化することで，漸次的に時間把握が発展するよ
う考慮されている。この構造化が，時間の原理的理解を可能にしているのである。

　第 2 は，生活科における時間学習の学習目標に関する示唆である。生活科では，
時間（歴史）学習に限定した学習目標が設定されていない一方，事実教授の歴史
的展望では歴史意識の育成という学習目標が設定されている。レアプランから導
いた各小単元の学習目標をみると，「生活世界の時間的区分に関する概念を適切に
活用する」「時間的スパンを日や年の経過における変動についての独自の考察と関
連づけ，自然的リズムと時間の区分との関連を詳しく説明する」「選択された資料
に基づいて，自身の生活における時間的スパンを報告し，それを時間の経過表に
記録する」「祝祭をその日付，または，1 年の経過における時間的位置で整理する」
が時間意識，「過ぎ去った出来事の再構築の際の資料の意義を説明し，その再構築
はなぜ常に完全ではなりえないのかを根拠づける」「歴史的出来事と創作された物
語とを区別する」「物語・伝説・映画・漫画の歴史的内容の背景を問う」が現実意
識，「生活世界の変動性と継続性を自分の経験領域からの事例で詳しく説明する」

が歴史性の意識に相当することは明白である。この学習目標が設定されているからこそ，この学習目標に即した学習活動を通して時間（歴史）把握がなされ，とりわけ第1・2学年段階では時間意識に重点を置いて歴史意識が形成されるという一貫した構築型の学習が可能となっているのである。

　第3は，統合教科以後の教科別学習との接続に対する可能性の提示である。日本の『小学校学習指導要領（平成29年告示）解説生活編』では，「社会科や理科，総合的な学習の時間をはじめとする中学年の各教科等への接続を明確にすること」と明示された。しかし，中学年以降の教科等との接続が示唆されるだけで，接続の具体化については説明できていない。第3学年以降の社会科でも科学的な社会の見方・考え方の育成はめざされており，社会科との接続を考慮するならば，生活科でも社会科での科学的な見方・考え方の基礎を育成すべきことは自明である。しかし，学習指導要領や生活科教科書を検討する限り，理科や社会科との接続のための実効的な手立てが講じられているとはいえない現状にある。それに対し，事実教授の歴史的展望では，歴史意識の育成という中等段階の歴史科まで通貫する学習目標が設定されており，歴史意識の育成に向けて初等段階から中等段階まで一貫したカリキュラムが想定されている。初等段階から中等段階まで継続する学習目標の設定が両段階の接続を可能にしているのである。

　以上の3点の示唆から，なぜ日本の生活科教科書では，時間に着目した教育内容が取り上げられているにもかかわらず，歴史意識の基礎としての時間意識の形成を可能にする学習になりえていないのかという本章で提起した問いへの回答が明らかになろう。日本の生活科では，第3学年以降の社会科との接続への考慮が不十分であり，生活科と社会科を接続する学習目標が設定されていないために，時間意識から歴史意識へと高次のレベルに発展させる体系的な学習が想定できないのである。初等段階の歴史学習は，低学年・中学年・高学年と一貫した学習目標のもとでその実現に向けて体系化されたものでなくてはならない。そのためには，日本においても生活科の時間学習と社会科の歴史学習の接続を可能にする両教科を貫いた学習目標と資質・能力（コンピテンシー）の設定が不可欠であり，この両者の設定が，日本の生活科，さらには初等段階における歴史学習の課題を克服する方策と方途であると結論づけられよう。

5　総括

　本章では，ドイツの初等段階の歴史学習観と事実教授教科書の検討を通して，日本の生活科の時間学習と社会科の歴史学習を貫く学習目標と資質・能力の設定が不可欠であるという結論を導いた。しかし，日本においては両教科に共通する学習目標の設定は容易なことではない。

　ドイツにおける事実教授と歴史科に共通する学習目標の設定には，1990年代半ば以降の歴史教授学者や事実教授学者らによる初等段階（事実教授）における歴史学習の再評価が影響を及ぼした。ベルクマンは歴史教授学者の立場，ミヒャーリクやレーケンは事実教授学者の立場から，事実教授の接続先の一つである歴史科を見据えた事実教授の発展的展望において歴史学習の再評価を試みた。これら異なる教科教授学者らの共同での歴史学習の再評価は，2002年に作成された学会版スタンダード『展望の枠組み：事実教授』に，そして2013年の同改訂版ではさらに色濃く反映され，本スタンダードで設定された5つの展望の1つである歴史的展望では，「事実教授における上位の目標は，歴史的思考力を伸ばすこと，即ちこれは思慮深い歴史意識を発展させることである」[15]とされている。本スタンダードは各州の事実教授の学習指導要領にも影響を及ぼし，事実教授における歴史的展望の学習目標が歴史科の学習目標と同様の歴史意識の育成であるということが共通理解となったのである。

　一方，日本では，生活科教育学者，社会科教育学者が各教科における歴史学習や，その接続を共同で考察するといった研究状況はみられない。さらに，「社会認識の形成を通して市民的資質を育成する」という社会科の目標はあるものの，社会科における歴史学習に限定した学習目標の共通理解も存在しない。初等段階と中等段階の歴史学習を巡る研究状況，その歴史学習の理念と原理において日本とドイツには大きな相違が存在する。この相違が，日本における両教科に共通する学習目標の設定を困難にしているのである。日本の生活科教育学，社会科教育学，とりわけ歴史教育学における教科の理念といった教科の本質論から研究方法論に至るまでの抜本的変革が今後求められるべきではないであろうか。

【註】

1) 例えば，『どきどきわくわく新編　あたらしいせいかつ　上』『あしたへジャンプ新編　新しい生活　下』東京書籍，2014年では，季節の移り変わりや各季節で

の暮らしの変化を,『新版 たのしいせいかつ 上－なかよし』大日本図書, 2014
年では祖父母の頃の遊び,『新版 たのしいせいかつ 下－はっけん』大日本図
書, 2014 年では, 1 日の変化を扱っている。

2）Höhn, Renate u.a.: Piri 1. Heimat- und Sachunterricht. Ernst Klett Verlag 2014, Höhn,
Renate u.a.: Piri 2. Heimat- und Sachunterricht. Ernst Klett Verlag 2014,バイエルン
州では郷土・事実教授（Heimat- und Sachunterricht）という教科名であるが,
他州では事実教授という教科名となっているため, 本章では便宜上, 事実教授
と呼ぶこととする。

3）Vgl. Bergmann, Klaus/ Rohrbach, Rita (Hrsg.): Kinder entdecken Geschichte.
Wochenschau Verlag 2001, S. 13-15.

4）Ebenda, S. 15-18.

5）Michalik, Kerstin (Hrsg.): Geschichtsbezogenes Lernen im Sachunterricht.
Westermann 2004, S.7.

6）Ebenda, S. 9-11.

7）Reeken, Dietmar von: Historisches Lernen im Sachunterricht. Eine Einführung mit
Tipps für den Unterricht. Schneider Verlag 2011, S.30-31.

8）Pandel, Hans-Jürgen: Dimensionen des Geschichtsbewußtseins. Ein Versuch, seine
Struktur für Empirie und Pragmatik diskutierbar zu machen. In: Geschichtsdidaktik 12 ,
H. 2, 1987, S. 130-142.

9）Vgl. A.a.O., Anm. 3, S. 23-24.

10）Vgl. A.a.O., Anm. 5, S. 18.

11）A.a.O., Anm. 7, S. 14.

12）Graubner, Angela u.a.: Piri 1. Heimat- und Sachunterricht. Lehrerband mit
Kopiervorlagen und CD-ROM. Ernst Klett Verlag 2015.

13）Graubner, Angela u.a.: Piri 2. Heimat- und Sachunterricht. Lehrerband mit
Kopiervorlagen und CD-ROM. Ernst Klett Verlag 2015.

14）http://www.lehrplanplus.bayern.de/fachlehrplan/grundschule/1/hsu
（2015 年 8 月 5 日閲覧）

15）Gesellschaft für Didaktik des Sachunterrichts (Hrsg.): Perspektivrahmen Sach-
unterricht. Vollständig überarbeitete und erweiterte Ausgabe. Klinkhardt 2013, S.56.

第2章　歴史意識の連続的形成を図る初等・中等接続研究
　　　　ードイツ教科書の分析をもとにー

1　本章の目的

　本章は，歴史意識を視点としたドイツの初等と中等の教科書の分析を通して，初等段階と中等段階の歴史学習における接続を考察することを目的とする。

　ドイツでは初等段階は第1〜4学年からなり，日本とは初等段階と中等段階の区切りが異なっている。日本ではドイツの初等段階で行われているような一貫した歴史学習はなされておらず，第6学年において初めて本格的な歴史学習が設定されている。第6学年でなされる初等段階の歴史学習は文化遺産と人物学習，中等段階は歴史の大きな流れを捉える通史学習であり，両段階は社会科という共通の教科構成に依拠しつつも，異なる内容構成に立っている。1950年代に斉藤博は系統的な通史学習に関して，「小学校では不可能で，可能になるのは中学二年生からとみてよい。」[1]と述べた。1970年代では本間昇が，初等段階を過去を論理的に捉えることができない段階であるとし，「日本の歴史をところどころつまみ喰いするような点の歴史学習」[2]を提唱した。初等段階は通史学習が困難な発達段階であるという歴史学習観は現在まで根強く，この歴史学習観が両段階の内容構成の相違をもたらしていると考えられる。結果として，日本の歴史学習は両段階において断絶がみられ，接続が十分考慮されているとはいえないという課題を抱えている。

　一方，ドイツでは歴史学習は第1学年から事実教授という統合教科の枠組み内において実施される。事実教授とは日本の生活科に相当する理科と社会科の統合教科である。事実教授学会が2013年に改訂した学会版「事実教授スタンダード」（Perspektivrahmen Sachunterricht）[3]では，社会学，自然科学，地理，歴史，技術という5つの展望を設定し，初等段階の事実教授においてすでに歴史の視点からの学習が構想されていることが分かる。そのため，初等段階では事実教授，中等段階では歴史科という異なる教科構成のもとで歴史学習が実施される。ドイツでは第1学年から歴史学習を開始し，両段階は各々固有の教科構成のもとで実施されているにもかかわらず，両段階の接続は考慮されている[4]。

この両国の相違は両段階を通底する歴史学習の目標の有無にあると考えられる。ドイツでは，1970 年代以降，歴史意識の育成が歴史学習の目標とされている。実際，ドイツの事実教授では歴史的展望に位置づけられる上位の目標として，「歴史的思考を伸ばすこと，即ちこれは思慮深い歴史意識を発展させることである」[5] が設定され，歴史意識の育成が学習目標の中に組み込まれている。中等段階の歴史科においても多くの州の指導要領の目標が歴史意識の育成であり[6]，初等・中等共通の歴史学習の目標となっている。そして，ドイツ歴史教授学では歴史意識に関する 4 つのモデルが構想されており，中でも 1980 年代後半において歴史意識の構造を解明した H. -J. パンデルのモデルがコンセンサスを得ている。ドイツでは，歴史意識の構造解明がなされ，各構造の連続的形成が意図されることで，両段階の接続が可能となっているのである。一方，日本においては 1950 年代から 70 年代にかけて，歴史意識の概念規定が多様になされているが[7]，いずれの概念規定も一般化には至らず，歴史意識の構造解明はなされていない。そのため，日本では社会科全体を通しての市民的資質の育成という目標はあっても，歴史意識の育成が両段階を通底する歴史学習の目標にはなりえず，接続が困難なのである。

　そこで，本章では，ドイツにみられる両段階の歴史意識の形成過程やその連続的形成に着目することで，両段階の接続を考察する。その際，両段階の教科書を対象とし，パンデルのモデルを通して段階間の接続を分析する。今回分析対象とするのは，初等段階ではノルトライン・ヴェストファーレン州用事実教授教科書 "Piri"[8]，中等段階では，同州用歴史科教科書（実科学校用）"Zeitreise"[9] である。同州歴史科コアカリキュラムでは歴史意識の育成が歴史科の目標に設定され[10]，これに準拠した "Zeitreise" と，同じく Ernst Klett 社から発行された "Piri" はパンデルのモデルに基づいて段階間の接続を考察するのに適切な教科書であると判断した。まず，第 2 節で，ドイツにおける歴史意識の概念規定を明らかにする。パンデルのモデルにみられる歴史意識の各次元を考察し，歴史意識の概念規定を行う。第 3 節では，初等と中等の教科書の分析から各教科書の歴史学習の構成と展開を考察し，両段階を通じての歴史意識の形成過程を究明する。第 4 節で，中世の農民の生活に関する小単元を分析対象として選定し，両段階を通した歴史意識の連続的形成を明らかにする。

　以上の考察を通して，本章では，ドイツにおける歴史学習の接続のあり方を明

示することで歴史学習固有の目標の設定が両段階の接続を可能にすることを証明
し，歴史学習の断絶がみられ，小中の接続が困難であるという日本の歴史学習の
課題の克服に向けての示唆を得ることを図りたい。

2　歴史意識の概念規定に関する考察

　ドイツでは，歴史意識の育成が歴史学習の目標となっている，パンデルが提示
した歴史意識の構造モデルがコンセンサスを得ているという歴史意識に関する 2
つの共通理解がなされている。そこで，本節では，パンデルのモデルの分析を通
してドイツにおける歴史意識の概念規定を行う。

　パンデルのモデルでは，歴史意識は歴史性と社会性に区分され，前者が時間意
識・現実意識・歴史性の意識，後者がアイデンティティの意識・政治意識・経済
社会の意識・モラルの意識からなる。このモデルに関しては，原田がパンデルの
研究成果を基に D. v. レーケンが示した構造図を紹介している [11]。その図が図 2-1
である。

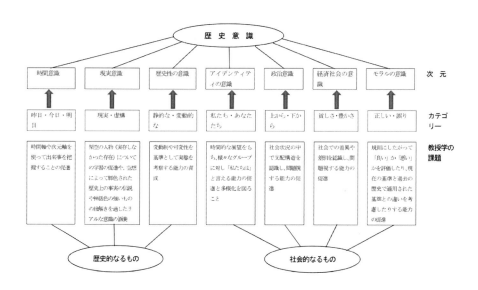

図 2-1　歴史意識を編み出す構造図

時間意識は，歴史学習のための時間の様々な形式（過去・現在・未来，昨日・今日・明日）を描写し，時間軸や次元軸を使って出来事を把握するといった時間や時代を扱う能力である。現実意識は，小説や神話や伝説といった文学的なジャンルと関わり，現実と虚構との間に境界線を引く能力である。歴史性の意識は，歴史的過程を不変性や変動性を基準に考察し，判断する能力である。アイデンティティの意識は，時間的展望において異なる集団に対し，自らや自らの属する集団を「私たち」というまとまりとして理解する個人と集団の能力である。政治意識は，権力の社会的関係，社会状況における支配構造を認識し，権力の所在を突き止め，問題視する能力である。経済社会の意識は社会的不平等，その成立や配分，合法性を意識し，社会的差異の原因を説明する能力である。モラルの意識は規則に基づき善悪を評価し，時代による判断規準の相違を考慮する能力である。

　パンデルは歴史意識を7つの互いに関連しあう2つのカテゴリーからなる精神構造（mentale Struktur）と呼ぶことを提案する[12]。7つの各次元は精神構造において相互に関連しあうことで，個人内の意味形成過程を通して，自分の言葉で歴史を語ることをもたらすのである[13]。意味形成過程は各次元をどのように関連づけるのかで異なるため，個人が語る歴史も多様となる。そのため，パンデルは歴史意識を語りコンピテンシー，つまり，歴史を語り理解する能力であるとする[14]。パンデルは歴史の語りと理解を通して，時間における位置づけ，自らの由来や将来に関する問いに応えること，アイデンティティを獲得することが歴史の機能であると説明する[15]。

　以上から，ドイツにおける歴史意識は，7つの各次元を関連づけた個人内での意味形成過程を経た歴史の語りと理解を通して，歴史という時間軸での自らの位置づけを把握し，アイデンティティを獲得する能力であるという概念規定ができよう。

3　両段階における歴史意識の形成過程に関する考察

　前節で示したパンデルのモデルは歴史意識の構造を明らかにするものであり，共通理解となっているため，本モデルに依拠することで教科書における歴史意識の形成過程を解明できると考える。そこで，本節では，本モデルを視点に初等と中等の教科書を分析し，その歴史学習の構成と展開から各段階の歴史意識の形成

過程を考察する。分析単元としては，中世を選択する。その理由は，多くの都市において城壁や市場等に中世の名残が見られ，子どもにとって身近に感じられる歴史であるため，初等段階の歴史学習において重視されており，中等段階の歴史学習との接続を考察するのに最適であると考えられるからである。

(1) 初等段階における歴史意識の形成過程の特色

　"Piri" の中世の歴史学習に関する単元の分析から構成と展開を考察し，その歴史学習に内在する初等段階における歴史意識の形成過程の特色を解明する。"Piri" では中世の歴史学習は第 3 学年に配置されている。「中世の生活」，「中世の農業」，「中世の都市生活」，「中世の教育訓練」が中世の歴史学習に該当する小単元である。これらの小単元を総称して中世の歴史学習の単元と捉え，歴史意識を視点に分析したのが次頁の表 2-1 である。本表は，横軸に指導事項，歴史意識の形成過程という項目を設定し，さらに歴史意識の形成過程を次元と特色に細分している。縦軸の各小単元の項目内容から，各小単元で育成が図られる歴史意識の各次元とその特色を示し，本単元における歴史意識の形成過程を明示することを意図している。

　「中世の生活」では，現在の子どもモーリツ，中世の騎士の子どもローラント，中世の農民の子どもタングレットを通して，中世の城の機能や城での生活，都市や農村で生活する様々な階層の人々の把握が図られる。そして，「現在と中世の子どもの生活を比較しなさい」という発問で，階層で異なる中世の子どもの生活，中世と現在の子どもの生活を比較し，自らの言葉で語ることがめざされる。ここでは，中世と現在という次元軸から階層を視点に生活を政治的経済的に捉えることで，時間意識，政治意識，経済社会の意識を育成する。

　「中世の農業」では，農民の生活を描写する本文から読解した農村の支配構造，村落共同体の生活を踏まえた上で，農家の家の構造や中世の農家の労働に関する問いを通して，中世の農村の現実を把握することが意図される。この当時の現実の把握から当時と現在の共通性や相違性に気づくことが可能となる。ここでは，時間軸上の中世という時代やその時代変動から中世の農村の支配構造や経済的営みを考察することで，時間意識，歴史性の意識，政治意識，経済社会の意識を育成する。

表 2-1 中世に関する単元における歴史意識の形成過程

		指 導 事 項		歴史意識の形成過程	
				次 元	特色
中世の生活		中世の様々な階層，城の機能と城での生活 →階層差による当時の子どもの生活の相違の比較，中世と現在の子どもの生活の比較	階層を視点とした中世と現在の子どもの生活の比較	時間意識，政治意識，経済社会の意識	社会構造の把握を踏まえた中世と現在の生活の比較
中世の農業		農民の自給自足生活，支配構造，村落共同体の営み，当時の農法，農家の家の構造，当時の農家の労働 →社会構造としての租税，社会構造としての村落共同体の形成とその統治構造の認識	農村構造の把握	時間意識，歴史性の意識，政治意識，経済社会の意識	
中世の都市生活		都市の利点，市場，市場に集まる人や流通する商品，農業の進化と都市形成との関連性，社会組織の形成と法の整備 →都市の形成要因や都市機能の認識	都市構造の把握	時間意識，歴史性の意識，政治意識，経済社会の意識	
中世の教育訓練		当時の階層に応じた教育訓練，騎士道（道徳性・徳），武具の名称，当時の暮らし，当時の衣服，教育と職業の起源 →中世と現在の子どもの生活の比較	階層を視点とした中世と現在の子どもの生活の比較	時間意識，モラルの意識	

("Piri" 第 3 巻 S. 40-45 を基に宇都宮作成)

　「中世の都市生活」では，都市の支配構造や都市の人々の生活を描写する本文から都市の形成要因や都市機能，市場を描いた絵画資料から人々の生活を読解することで，当時の都市の生活の現実を把握することが求められる。ここでは，中世という時間軸や時代変動から中世の都市の支配構造や経済的営みを考察することで，時間意識，歴史性の意識，政治意識，経済社会の意識を育成する。

　「中世の教育訓練」では，騎士をめざすローラント，農家の娘マリア，修道女をめざすエリザベス，鍛冶屋の息子オドという子どもたちの教育訓練の様子を描

いた絵画資料から，階層に応じて教育がなされ，職業が決められていたことを把握することで，教育訓練の階層差や階層に応じた生活を認識することが図られる。そして，「中世の時代に暮らしたいと思いますか」という問いを通して，歴然とした階層差の下で暮らしが営まれる中世と現在の生活を比較し，自らの言葉で語ることがめざされる。ここでは，中世と現在という次元軸から階層を視点として教育訓練のあり方を考察することで時間意識とモラルの意識を育成する。

　「中世の生活」，「中世の教育訓練」はともに，中世と現在の子どもの生活を比較する問いが設定されている。中世の歴史学習の最初である「中世の生活」では簡単な中世の生活に関する描写のみに基づいて直観的に中世と現在の子どもの生活を比較させる。中世の歴史学習の最後である「中世の教育訓練」では，「中世の農業」，「中世の都市生活」で把握した当時の農村や都市の現実，階層に規定される生活を踏まえた上で，再度中世と現在の子どもの生活を比較させているのである。

　以上から，本単元における歴史意識の形成過程は，中世の農村と都市の社会構造の把握を通して，中世と現在の生活を比較するという形になっている。他の歴史的単元も同様の構成を採っていることから，初等段階における歴史意識の形成過程は過去と現在の生活の比較から，時代の急進的ないし漸次的変化や不変性を自らの言葉で語るという特色を有すると考えられる。

(2) 中等段階における歴史意識の形成過程の特色

　中等段階では，歴史科において歴史学習が行われるため，歴史科の教科書を分析する。中世に関する単元の分析からその歴史学習の概略を踏まえ，その歴史学習に内在する中等段階における歴史意識の形成過程の特色を解明する。"Zeitreise"では中世に関する単元は「中世の生活」で，本単元は 23 の小単元からなる。歴史意識を視点に本単元を分析したのが表 2-2 である。本表は，横軸に指導事項，歴史意識の形成過程という項目を設定し，歴史意識の形成過程を次元と特色に細分している。縦軸の小単元ごとの各項目内容から，各小単元で育成が図られる歴史意識の各次元とその特色を示し，本単元における歴史意識の形成過程を明示することを意図している。

表 2-2　単元「中世の生活」における歴史意識の形成過程

指導事項			歴史意識の形成過程	
			次　元	特色
フランク人が大帝国を建設する	支配領域の空間認識，教皇と皇帝を中心とした支配構造→王権授与に関する語り	中世社会の前提となる政治的状況	時間意識，政治意識	社会構造の解明を通した中世社会に関する語り
カール大帝－フランク人がローマ皇帝になる	複数の視点からのカール大帝の人物像，ヨーロッパにおけるカール大帝の持つ意味→カール大帝に関する語り		時間意識，政治意識	
旅する王の廷臣	中世の支配体制，中世の支配上の課題→王の使節に関する語り		時間意識，政治意識	
アーヘンの皇帝の城	皇帝の城の構造，ローマ・中世・現代における城の持つ意味→中世の城に関する語り		歴史性の意識，政治意識	
ドイツ帝国が成立する	ドイツ帝国の成立過程→ドイツ人に関する語り		時間意識，政治意識，アイデンティティの意識	
封建領主と封建家臣	主従関係と封建体制の構造→封建制に関する語り	中世の社会構造	歴史性の意識，政治意識，経済社会の意識	
神によって定められた秩序か？	中世の身分秩序，中世の身分に応じたモラル→中世の身分秩序に関する語り		歴史性の意識，政治意識，経済社会の意識，モラルの意識	
荘園制における生活	荘園制の構造，荘園で暮らす人々の身分に応じた生活→隷属する人々に関する語り		歴史性の意識，政治意識，経済社会の意識，モラルの意識	
農民の日常	農民の日常生活や労働状況→農民の生活に関する語り	中世の社会構造に規定される	時間意識，政治意識，経済社会の意識	
農村での生活は変化する	農民の日常に変動をもたらした要因，変動する生活→農民の生活の変化に関する語り		歴史性の意識，政治意識，経済社会の意識	
修道院での生活	修道院での生活状況→修道院での生活に関する語り		現実意識，歴史性の意識，経済社会の意識	
城において	城の構造や攻撃に対する防御対策，城での生活→城に関する語り		時間意識，政治意識	
騎士，近習，貴族の婦人	騎士という職業，中世における性別役割，城での生活→城での生活に関する語り		時間意識，政治意識	

		人々の生活		
都市が成立し,成長する	中世における都市の持つ意味,都市で暮らす人々の身分に応じた生活→都市での生活に関する語り		歴史性の意識,経済社会の意識	
方法:市街地図を評価する	市街地図が歴史考察に果たす役割,市街地図の歴史的考察,現在と中世で異なる都市の構造		歴史性の意識	
市場において	中世における市場の持つ意味→市場の意味に関する語り		現実意識,経済社会の意識,アイデンティティの意識	
市場の日が近づく	中世の市場の様子,中世と現在で異なる市場の状況→中世と現在の市場に関する語り		歴史性の意識,経済社会の意識	
ツンフトの職人	中世における手工業体制,中世の職人の生活,職人養成の中世と現在の比較→ツンフトのもとでの職人の生活に関する語り		歴史性の意識,経済社会の意識,アイデンティティの意識	
交易商人が都市を結びつける	ハンザ交易の成立過程,交易範囲の空間的認識,交易商人の生活,中世におけるハンザ交易の持つ意味→交易商人の生活に関する語り		歴史性の意識,経済社会の意識,アイデンティティの意識	
誰が都市を統治するか?	都市の多様な支配構造,中世と現在で異なる支配構造→都市と現在の支配構造に関する語り		歴史性の意識,政治意識,経済社会の意識,アイデンティティの意識	
都市の空気は自由にする－平等か?	都市の多様な階層構造→都市での階層で異なる生活に関する語り		時間意識,現実意識,政治意識,経済社会の意識,モラルの意識	
都市における生活と生存	ペストの拡大過程とその影響,病気と生活の因果関係→病気を視点とした都市の生活に関する語り		歴史性の意識,経済社会の意識,モラルの意識	
まとめ:中世における生活	中世という時代に関する歴史解釈→中世社会に関する語り		時間意識,歴史性の意識,現実意識,アイデンティティの意識	

（"Zeitreise" 第 1 巻 S. 150-197 を基に宇都宮作成）

　表 2-2 から,本単元は 3 つの構成からなっていることが分かる。第 1 の構成は,「フランク人が大帝国を建設する」から「ドイツ帝国が成立する」までの小単元である。これらの小単元は,フランク王国の成立から神聖ローマ帝国の成立までの政治史を中心とした通史学習で構成されているため,歴史性では時間軸や次元軸を使って出来事を把握する時間意識,社会性では政治意識が中心となっている。

「ドイツ帝国が成立する」では，神聖ローマ帝国をドイツ国家の起源と捉え，ドイツ人とは何かを考察させることで，アイデンティティの意識を育成することも図られている。第1の構成では単に，神聖ローマ帝国の成立までの歴史的過程を認識させることが意図されているのではない。各小単元の最後に設定された活動課題をみると，「フランク人が大帝国を建設する」では「ピピンは王になるための計画を教皇に説明した。そうした会話はどのように展開されるか書きなさい」，「カール大帝－フランク人がローマ皇帝になる」では「君はレオ三世の助言者である。なぜカールは教皇によって皇帝に戴冠されるべきであったのかの議論をまとめなさい」のように各小単元の中核となる政治的状況を自分なりに説明することが求められている。第1の構成では，時間意識と政治意識を通して，中世の政治的状況を総括的に語ることがめざされていることが分かる。

　第2の構成は，「封建領主と封建家臣」から「荘園制における生活」までの小単元である。これらの小単元は中世固有の身分秩序からなる社会構造を捉えるための構成となっている。教科書本文をみると，「封建領主と封建家臣」では封建制という中世の支配構造，「神によって定められた秩序か？」では現在とは異なる中世の身分制社会の構造，「荘園制における生活」では荘園制のもとでの支配構造を認識することが図られる。ここでは，常に中世の社会構造と現在の社会構造との比較の視点も取り入れられている。そのため，歴史性では歴史性の意識，社会性では政治意識，経済社会の意識，モラルの意識などが要求される。活動課題をみると，「封建領主と封建家臣」では「封建性は封建領主に権力の増大，失墜のどちらをもたらしたか。封建制について評価しなさい」，「神によって定められた秩序か？」では「君は古い身分秩序の批判者であり，資料1（筆者注：3つの身分を描いた木版画）に関して，君の判断を発表しなさい」，「荘園制は隷属する人々にとって何を意味したか評価しなさい」といった形で中世の社会構造について自らの判断を下すことが求められる。第2の構成では，歴史性の意識と複数の社会性に属する意識を活用して，中世の社会構造を現在と当時の視点の両面から重ね合わせて語ることが意図されているといえよう。

　第3の構成は，「農民の日常」から「まとめ：中世における生活」までの小単元である。これらの小単元は，第2の構成で捉えた中世の社会構造のもとで生きる人々の生活を把握するための構成を採っている。農村における農民の生活や時代

を経て変化する農民の生活，修道院における修道士の生活，城における貴族の生活，都市における市場に集まる人々，職人，交易商人，下層民の生活を扱い，中世の支配構造や身分秩序に規定される人々の生活を捉えるのである。ここでは，歴史意識の全ての次元が各小単元に盛り込まれている。中世の典型的な人々の生活を扱う小単元では時間意識，中世の時間的経過につれ変化する人々の生活を扱う小単元では歴史性の意識，「修道院での生活」と「市場において」では架空の人物の生活が物語風に描写され，現実と虚構を区別する現実意識が中心となる。「城において」，「騎士，近習，貴族の婦人」，「誰が都市を統治するか？」，「都市の空気は自由にする－平等か？」は，中世の支配構造に関わる小単元であるため政治意識が，その他の小単元は身分秩序のもとでの人々の経済的営みで構成されるため経済社会の意識の育成がめざされる。さらに身分秩序による社会的不平等，その正当性を考察する小単元ではモラルの意識が，ある身分秩序に位置づく人々の協同での生活の向上をめざす営みを扱う小単元ではアイデンティティの意識が意図される。活動課題をみると，農民の生活，農民の生活の時代による変化，修道院の生活，中世の貴族の性別役割，中世における市場の意義，都市の人々の生活を評価することが要求されており，中世の身分秩序のもとでの人々の生活について判断するようになっている。第3の構成では歴史性と社会性のあらゆる意識を関連づけながら，現在から離れ，当時を客体化した上で，中世の人々の生活を語ることが求められている。

　以上から，本単元における歴史意識の形成過程は，中世社会の前提となる政治的状況を踏まえた上で中世の社会構造を把握し，その構造に規定される人々の生活を多様な側面から考察することで，社会構造を解明し，中世社会を総体として説明する形になっている。他の単元も同様の構成を採っていることから，中等段階における歴史意識の形成過程は，社会構造を解明した上で，総体としての過去の社会を自らの言葉で語るという特色を有していると考えられる。

4　歴史意識の連続的形成に関する考察

　前節では両段階の教科書分析から各段階の歴史意識の形成過程を明らかにした。本節では中世の農民の生活に関する小単元を分析対象に選定し，両段階を通した歴史意識の連続的形成を考察する。

本小単元における歴史意識の連続的形成を示したものが表 2-3 である。本表は，両教科書の本文・史資料・学習課題に着目し，本文と史資料・学習課題（学習課題は史資料を活用して考察する方法をとっているので，史資料と学習課題はまとめている）に分け，両段階それぞれの内容とその意図から歴史意識の各次元がどのように連続的に形成されているかを示すことを意図している。

　初等の教科書本文は，中世を 1 つのまとまりを持つ社会構造として把握させ，そのもとでの過酷な労働環境や家族生産をみていくものになっており，現在から遠く離れた時代という時間軸上の距離感として中世を捉える時間意識を重視している。そしてその時間空間帯における荘園領主と農民という上下関係からなる支配構造を現在と対比させ，政治意識，家族生産での過酷な労働状況から読み取る貧しさを通して経済社会の意識を育成する。

　中等の教科書本文は，中世の農民の過酷な労働環境や家族生産を前提とした上で社会の変動や技術革新がもたらした新たな農村の社会構造を把握するものになっている。前提となる中世の農民の過酷な労働環境や家族生産は初等段階において学習した内容を深化・拡張させている。この前提を踏まえ，社会の変化や技術革新に起因する中世社会全体を通した変動から歴史性の意識，経済発展から経済社会の意識を育成する。さらに，この変動がもたらした中世後期という時間軸に位置づく社会構造から時間意識，初等段階での荘園領主と農民の支配構造とともに，農村の自治が進む中での農民間の上下関係からなる支配構造から政治意識，この支配関係から生み出される貧富の格差の拡大から経済社会の意識の育成が図られる。

　初等の教科書の史資料・学習課題では，農家や農地の当時の現実を示す絵画資料から本文で学習した中世の家族生産を視覚的に確認させ，その事象の過去・現在における時間軸上の比較による時間意識のもとでの経済社会の意識の育成が，中世に存在しない労働を選択する学習課題から農業の基本行為の不変性と技術革新による経済活動の変化を把握することで，歴史性の意識のもとでの経済社会の意識の育成が意図される。

表2-3　農民の生活に関する小単元における歴史意識の連続的形成

		内　　容	意　図	歴史意識
本文	初等段階	・中世には100人の内90人が農業に従事した。 ・凶作であっても決められた量の鶏・卵・パン・牛乳・肉・果物を領主に納めなくてはならなかった。	社会構造の把握（農村の支配構造）	時間意識，政治意識
		・全員が手作業で農業をしなくてはならなかった。 ・牛馬での農地の耕作は遅々として進まなかった。 ・農地は狭く，収穫は生活するのに十分でなかった。	過酷な労働環境（未発達の技術）の把握	時間意識，経済社会の意識
		・子どもたちは幼い頃から庭で手伝いをし，農地で梨，森でキノコを集めた。 ・女の子は鶏の羽をむしり，キビ粥を料理した。 ・男の子は冬前にどんぐりで太らせるために豚を森に連れて行った。	家族生産の把握	
	中等段階	・住居と家畜小屋は農地にあり，住居に部屋は１つしかなく，全家族（冬には家畜も）が一緒に暮らした。 ・住居の背後には牧草地，野原，森が広がり，森から家畜の餌や燃料となる木材を得た。 ・農作業は大抵は男性の労働で，穀物栽培が重要であった。 ・耕作は牛が牽く木製の鉤形犂で行ったが，深く掘れないので何度も繰り返さなくてはならなかった。 ・収穫は少なく，そこから荘園領主への租税と来年のための穀種を引くと手元にはほとんど残らなかった。 ・女性の労働は家畜の面倒で，大抵は早く結婚し，多くの子どもをもうけた。 ・子どもは労働や老後の助けとして望まれたが，幼年期に多く亡くなった。	過酷な労働環境（未発達の技術）の把握　家族生産の把握	時間意識，経済社会の意識
		・1000年～1300年にかけてヨーロッパの人口が4000万人から7000万人に増加した。 ・多くの食料が必要となり，森が開墾され，三圃農法が開発された。 ・鉄製の犂と馬の活用が広がり，収穫が向上した。	社会の変動と技術革新の把握	歴史性の意識，経済社会の意識
		・農作物は都市の市場でお金で売ることができ，生活が豊かになった。 ・荘園領主は土地を小作に耕作させる一方，お金を支払うことができる農民を自由にした。 ・多くの村では農民たちは村役人を選び，共同の集まりを実施し，村の秩序を決めた。自治が進むと，農村では貧富の差が増大した。	社会構造の把握（都市と農村の関係・農村の支配構造・村落共同体の構造）	時間意識，政治意識，経済社会の意識

史資料・学習課題	初等段階	・農家や農地の構造を示す絵画資料→空欄に名称を入れる課題（藁ぶき屋根，木造家屋の骨組み，粘土壁，屋外炊事炉，貯蔵庫，野菜畑）	家族生産の把握	時間意識，経済社会の意識
		搾乳する，耕地を鋤く，脱穀する，チェンソーに油を差す，ジャガイモを掘り出す，牛を車につなぐ，コンバインに乗る，木を倒す，動物に餌を与える，種を蒔く。これらの中からの中世に存在しない農家の労働の選択	農業の基本行為の不変性と技術革新の把握	歴史性の意識，経済社会の意識
	中等段階	・本文と中世の農民の生活を描いた絵画資料と789年のカール大帝の日曜法から抜粋した文献史料→農民の労働の列挙と，その日常の描写 ・辛い・素朴・乏しい・難儀・貧しい・生活に不可欠なといった形容詞での農民の家族生活の分類 ・農民の一年の労働を描いた絵画資料→芝を刈る，耕す，畜殺する，種を蒔く，木を切り落とす，穀物を刈り取る，ブドウの木を束ねるからの1月の農民の労働の選択 ・本文→農民の家族が多くの子どもを求めた根拠の描写 ・1543年に記された農民生活に関する文献史料→文献史料の妥当性の評価	過酷な労働環境の把握	時間意識，経済社会の意識
		・本文→農民生活の変化の描写 ・本文→農業の変化や都市の誕生が人々に自由をもたらした理由の描写 ・本文と三圃農法を説明する図→三圃農法の有効性を隣村の人々に説明するためのプレゼン原稿の作成 ・本文と馬と鉄製の犂を使って農耕する様子を描いた14世紀の絵画資料→1300年以降の農業の変化を示す事項の指摘，鉄の犂の広告ポスターの作成	社会の変動と技術革新の把握	歴史性の意識，経済社会の意識
		・ケルンの修道院が小作人に示した取り決めに関する文献史料→修道院が小作人に負わせた義務の根拠の描写 ・小作農地と賦役農地の労働方法の相違の説明 ・農民の生活が改善したかどうかの評価	社会構造の把握（都市と農村の関係・農村の支配構造・村落共同体の構造）	時間意識，政治意識，経済社会の意識

（"Piri"第3巻 S.42，"Zeitreise"第1巻 S.168-171を基に宇都宮作成）

　中等の教科書の史資料・学習課題では，文献史料・絵画資料・図等の多様な史資料を活用しながら，本文と同様の歴史意識を発展的に育成することがめざされる。とりわけ，農民の生活を描写した文献史料を解釈したり，農民の生活やその

時代の中での変動を描写したり，農民の生活を評価したりして，自らの言葉で語ることが求められる。

　これまでの両段階の教科書の本文，史資料・学習課題の考察から，以下のことが読み取れる。第1は，初等段階で学習した内容を前提として中等段階でのより発展的な学習が図られている点である。両教科書の本文をみると，中等段階における過酷な労働環境や家族生産に関する描写は，初等段階の描写を質・量ともに深化・発展させたものになっている。さらに，一見すると，社会の変動とその要因，それらがもたらした新たな社会構造は中等段階で初めて学習する内容であるようにみえるが，実際はそうではない。初等の教科書の教師用指導書をみると，本小単元では「農家は収穫の一定量を，領主，教会に納めていた」，「村として牧草地や森林を共有し，この土地を共有地と呼び，村の集会ではその利用の仕方が話し合われた。荘園領主のもとで村の年長者が村社会を代理的に治めていた」，「中世の時代に出現する三圃式輪作がより多くの収穫をもたらした。犂の改良が労働を楽にし，広大な土地での農業を可能にした」等の内容の理解が指示されている[16]。これらの内容は中世の支配構造，村落共同体とその統治構造，農耕法や農具の発達を意味しており，初等段階でも社会変動の要因，それらがもたらした社会構造の変動を押さえることが求められる。

　第2は，本小単元で育成が図られる歴史意識の各次元は両段階ともに共通している点である。本小単元で育成する歴史意識は，両段階ともに，歴史性では時間意識と歴史性の意識，社会性では政治意識と経済社会の意識となっている。

　第3は，歴史性と社会性の各次元は相互に関連しながら育成が図られている点である。時間意識においては設定された時間空間のもとで政治意識や経済社会の意識が，歴史性の意識においては変動する社会構造のもとで政治意識や経済社会の意識が育成されている。

　第4は，社会性の各次元は相互に関連しながら育成が図られている点である。初等段階で捕捉した中世の身分制社会での上下関係は，中等段階では農村の自治の進展という農村構造の変動のもとでの農民間の上下関係がもたらす経済的格差へと質・量ともに発展していくことで，政治意識と経済社会の意識が関連づけられつつ育成されている。

　第5は，歴史意識の各次元の相互の関連づけを通して，子どもが歴史を語るこ

とが歴史意識の形成とされている点である。本小単元では時間意識，歴史性の意識，政治意識と経済社会の意識が相互に関連づけられるが，その関連づけは子どもによって異なる意味形成過程を辿るため，農民の生活について自らの言葉で語らせることで歴史意識がどのように形成されたのかを判断するのである。

　第6は，歴史意識は両段階を通して連続的に形成されている点である。本小単元では，初等段階から育成すべき歴史意識の歴史性と社会性の各次元，社会性の各次元を相互に複雑に関連づけ，中等段階でその関連を質・量ともに深化・発展させ，各自の意味形成過程を通して語らせることで，連続的に形成させているのである。

　これより，本小単元では，初等段階から中等段階にかけての歴史性と社会性の各次元相互の関連づけにより生じた意味形成を通して子どもの歴史に関する語りを促進していることが分かる。この語りを段階的に精緻化することで，歴史意識の連続的形成がめざされているといえよう。

5　総括：歴史学習の接続に関する考察

　本章では，パンデルのモデルに依拠した歴史意識の概念規定を行い，それに基づいた両段階の教科書の分析から，両段階を通じた歴史意識の連続的形成を明示し，歴史学習固有の目標の設定が両段階の接続を可能にすることを証明してきた。最後に，本章を総括し，初等段階と中等段階の歴史学習の接続に関して考察する。

　本章での考察から明らかになったことは以下の3点である。第1は，歴史意識の育成という共通の学習目標が，学習内容の接続を実現させているという点である。分析した小単元では，両段階ともに中世の政治・社会・経済といった社会構造を学習内容とし，中等段階では初等段階の学習内容を多様な視点から深化・拡張させたものとなっていた。これは両段階を通して育成が図られる歴史意識が7つの次元という共通枠で理解されることで可能となっている。歴史意識が学習内容を選択するための原理として機能しているのである。

　第2は，学習目標としての歴史意識は抽象的な理念ではなく，その育成の方途を具体的に明示しうる教授学的理論でなくてはならないという点である。子どもの心的ありようを示すといった曖昧な概念規定からなる歴史意識では学習内容を選択する原理として機能しえない。ドイツでは歴史意識の構成要素を確定するこ

とで，概念規定をさらに鮮明にするとともに，概念に機能性を持たせている。すなわち，歴史学習固有の目標である7つの次元からなる歴史意識が内容選択原理や学習方法原理，つまり教授学的理論になっているということである。

　第3は，歴史意識の育成という歴史学習固有の目標が両段階の接続を可能にする有効な方策であるという点である。教授学的理論としての歴史意識を構築することができれば，共通する歴史学習論に基づいて両段階を接続する歴史学習も構想できるのである。

　これら3点は，歴史学習の断絶がみられ，小中の接続が困難であるという日本の歴史学習の課題の克服に向けた重要な示唆であるといえる。歴史学習固有の目標を設定し，その目標を教授学的理論として確立することが，日本の歴史学習における重要な課題になるであろう。

【註】
1）斉藤博「児童の歴史意識の発達について」『初等教育資料』第36号，1953年，p. 13。
2）本間昇『改訂　小学校の歴史教育』地歴社，1976年，p. 19。
3）Gesellschaft für Didaktik des Sachunterrichts (Hrsg.): Perspektivrahmen Sachunterricht. Vollständig überarbeitete und erweiterte Ausgabe. Klinkhardt 2013.
4）例えば，ヘッセン州の事実教授指導要領と歴史科指導要領では，ともに歴史意識の育成が目標とされ，その育成のために設定されたコンピテンシーの到達すべき水準が初等段階修了時と中等段階修了時に分けて表で示されている。Vgl. Hessisches Kultusministerium: Bildungsstandards und Inhaltsfelder. Das neue Kerncurriculum für Hessen Sekundarstufe I Gymnasium Geschichte. 2011, S. 26-28.
5）A. a. O., Anm. 3, S. 56.
6）例えば，ニーダーザクセン州，ヘッセン州，ベルリン州，ハンブルク州等のギムナジウム歴史科指導要領でも歴史意識の育成が歴史授業の目標として明示されている。
7）日本の歴史意識の概念規定に関しては，藤井千之助『歴史意識の理論的・実証的研究－主として発達と変容に関して－』風間書房，1985年，pp. 51-56を参照。
8）Bunk, Hans-Dieter u.a.: Piri 3 Sachheft. Ernst Klett Verlag 2009.

9) Christoffer, Sven u. a.: Zeitreise 1. Ernst Klett Verlag 2011.

10) 本州の実科学校用コアカリキュラムでは，歴史科はゲゼルシャフツレーレと
いう社会系統合教科内に位置づけられているが，カリキュラム自体は歴史科と
して作成されている。Vgl. Ministerium für Schule und Weiterbildung des Landes
Nordrhein-Westfalen: Kernlehrplan für die Realschule in Nordrhein-Westfalen Geschichte.
2011.

11) 原田信之「ドイツの統合教科『事実教授』の新スタンダード－初等教育段階
の歴史学習に着目して－」名古屋市立大学大学院人間文化研究科編『人間文化
研究』第 20 号，2014 年，p. 51。

12) Pandel, Hans-Jürgen: Dimensionen des Geschichtsbewußtseins. Ein Versuch, seine
Struktur für Empirie und Pragmatik diskutierbar zu machen. In: Geschichtsdidaktik 12,
H. 2, 1987, S. 132.

13) Pandel, Hans-Jürgen: Geschichtsunterricht nach PISA. Kompetenzen, Bildungsstandards
und Kerncurricula. Wochenschau Verlag 2007, S. 21.

14) A.a. O., Anm. 12, S. 131.

15) Pandel, Hans-Jürgen: Geschichtlichkeit und Gesellschaftlichkeit im Geschichts-
bewußtsein. Zusammenfassendes Resümee empirischer Untersuchungen. In: Borries,
Bodo von/ Pandel, Hans-Jürgen/ Rüsen, Jörn (Hrsg.): Geschichtsbewußtsein empirisch,
Centaurus-Verlagsgesellschaft, 1991 , S. 2.

16) Bunk, Hans-Dieter u.a.: Piri 3 Lehrerband zum Sachheft. Ernst Klett Verlag 2009,
S.34.

第3章　歴史意識の基礎を育成する生活科授業開発
ー学校の今と昔に着目してー

1　本章の目的

　本章では，ドイツの事実教授教科書の時間学習に関する単元の分析を基にして，歴史意識の基礎を育成する生活科授業を紹介する。歴史意識の基礎を育成する生活科授業に着目するのは，生活科では中学年以降の社会科との接続，初等段階と中等段階の接続が十分考慮されていないという問題意識を持っているからである。生活科の教育課程の基準（2008年告示版学習指導要領）では中学年以降の理科との接続を視野に入れた科学的な見方・考え方の基礎の育成は目指されたが[1]，社会科へと接続する見方・考え方に関しては明記されなかった。

　この現状は当然の帰結として生活科と社会科を乖離させるとともに，初等段階と中等段階の接続も困難にさせる。社会的な見方・考え方は，初等段階の生活科と社会科，中等段階の社会科と連続させて，累積的に能力を形成するべきである。

　本章では，これら2つの接続に関する課題を克服する方策として，歴史意識を設定する。歴史意識を設定する理由は2点ある。第1は，歴史意識は中学年以降の社会科との接続を可能にするからである。生活科では主として時間学習という形で，直線的な時間経過，周期的な時間的経過，時間的変動といった多様な時間的経過や事象の推移を把握することにより，過去・現在・未来を結びつけ，今後の展望の獲得を可能とする歴史意識の中でも，とりわけ時間意識の育成が図られる。時間意識の醸成は低年齢期らしい学びを阻害することなく可能であり，生活科で育成した時間意識は，中学年以降の社会科で育成する歴史意識の基盤として機能するのである。

　第2は，初等段階と中等段階の接続を可能にするからである。歴史意識は初等段階と中等段階を通して育成が図られるため，歴史意識を中核に据えることで両段階の接続が可能になるのである。以上2点の理由から，本章では，歴史意識の基礎としての時間意識の育成を図る生活科授業を開発することで，生活科と社会科，初等段階と中等段階を接続する方策を提示することをめざす。

　しかし，現在実施されている生活科授業は，歴史意識の基礎である時間意識を

育成するものになっていない。日本の生活科教科書においても，例えば，1 日や季節の変化の考察や，昔と今の遊びの比較等，時間に着目した教育内容が盛り込まれている [2]。これら時間学習に関する教育内容は子どもの生活世界と深く関連した生活単元としての扱いとなっているために，その実体験に即して理解が促され，興味・関心を喚起することはできるだろう。しかし，これらの教育内容は，子どもの生活世界との関連のもとで，時間学習の要素が断片的に組み入れられるにすぎないために，歴史的に推移する時間の原理的理解のための体験的活動が系統的に組み込まれていない。そのため，現行の生活科授業では，時間意識の形成を明確に学習目標として設定し，その形成を図ることが困難であり，教科書に基づいた授業では，生活科と社会科，初等段階と中等段階を接続する方策を提示することはできない。

　この生活科の課題を克服するために着目したのがドイツ事実教授における時間学習である。ドイツ事実教授は小学校第1〜4学年で実施される理科・社会・技術の教育内容を中核とした統合教科である。その教育内容を構成する 5 つの展望の1 つとして歴史的展望が設けられている [3]。この歴史的展望では上位目標として歴史意識の育成が明確に設定され，低学年の第1・2学年では時間学習を通して歴史意識の基礎としての時間意識の形成が図られていることが着目した理由である。本章では，ドイツ事実教授における第1・2学年の時間学習の単元構成を分析し，その時間学習ではどのように時間意識を形成しているかを明確にすることで，歴史意識の基礎を育成する生活科授業を開発するための示唆を得，それをもとに実際に時間意識を形成する生活科授業を開発していく。

　そこで第 2 節では，ドイツにおける歴史意識の概念規定に基づいて『小学校学習指導要領（平成 20 年告示）解説 生活編』では歴史意識をどのように育成できるのかを考察し，第 3 節では，前節の歴史意識の概念規定を分析枠組みとして，ドイツ及び日本の教科書の内容構成ではどのように歴史意識の基礎を育成しているのかを分析する。そして，第 4 節では，これまでの考察を踏まえて歴史意識の基礎を育成する「学校の今と昔」に着目した生活科授業を開発し，公立小学校（H県F校）の第 2 学年で，酒井が実施した授業記録をまとめる。本授業では，歴史的次元では時間意識を，社会的次元ではアイデンティティの意識の育成を目指し，授業のねらいを，「創立記念日との関連から自分の小学校の歴史に興味を持つこ

とができ，今と昔の小学校の様子や生活の比較において継続と変動があることに気付き，時間意識を育成する」と設定している。第5節では，その授業実践を歴史意識の基礎を育成するという視点から評価を行う。以上の考察を通して，生活科における歴史意識の基礎を育成する授業の在り方を究明することを試みる。

2　生活科における歴史意識の育成

　本節では，生活科において歴史意識をどのように育成できるのかを考察する。この考察のために，まず，ドイツ歴史教授学の成果に基づいた歴史意識の概念規定を提示する。ドイツでは，歴史意識の育成が歴史学習の目標となっている，H. -J. パンデルが提示した歴史意識の構造モデルがコンセンサスを得ているという歴史意識に関する2つの共通理解がなされている。そこで，本節では，パンデルのモデルの分析を通してドイツにおける歴史意識の概念規定を行う。

　パンデルのモデルでは，歴史意識は歴史性と社会性に区分され，前者が時間意識・現実意識・歴史性の意識，後者がアイデンティティの意識・政治意識・経済社会の意識・モラルの意識からなる。このモデルに関しては，既に第2章第2節で論じているので，ここでは，概念規定のために必要な箇所を再度確認する。

　時間意識は，歴史学習のための時間の様々な形式（過去・現在・未来，昨日・今日・明日）を描写し，時間軸や次元軸を使って出来事を把握するといった時間や時代を扱う能力である。現実意識は，小説や神話や伝説といった文学的なジャンルと関わり，現実と虚構との間に境界線を引く能力である。歴史性の意識は，歴史的過程を不変性や変動性を基準に考察し，判断する能力である。アイデンティティの意識は，時間的展望において異なる集団に対し，自らや自らの属する集団を「私たち」というまとまりとして理解する個人と集団の能力である。政治意識は，権力の社会的関係，社会状況における支配構造を認識し，権力の所在を突き止め，問題視する能力である。経済社会の意識は社会的不平等，その成立や配分，合法性を意識し，社会的差異の原因を説明する能力である。モラルの意識は規則に基づき善悪を評価し，時代による判断規準の相違を考慮する能力である。

　パンデルは歴史意識を7つの互いに関連しあう2つのカテゴリーからなる精神構造（mentale Struktur）と呼ぶことを提案する[4]。7つの各次元は精神構造において相互に関連しあうことで，個人内の意味形成過程を通して，自分の言葉で歴史

を語ることをもたらすのである[5]。意味形成過程は各次元をどのように関連づけるのかで異なるため，個人が語る歴史も多様となる。そのため，パンデルは歴史意識を語りコンピテンシー，つまり，歴史を語り理解する能力であるとする[6]。パンデルは歴史の語りと理解を通して，時間における位置づけ，自らの由来や将来に関する問いに応えること，アイデンティティを獲得することが歴史の機能であると説明する[7]。

　以上から，ドイツにおいては，歴史意識は，7つの次元を関連づけた個人内での意味形成過程を経た歴史の語りと理解を通して，歴史という時間軸での自らの位置づけを把握し，アイデンティティを獲得する能力であると概念規定されよう。

　次に，上記で概念規定した歴史意識の観点から生活科学習指導要領解説を分析する。とはいえ，生活科は理科と社会科の統合教科であるため，歴史教育の観点からのみで分析することはできない。そこで，まず，生活科ではどのような視点から内容構成が図られているのかを検討し，次に，その内容構成において歴史意識をどのように育成できるのかを究明していくこととする。

　生活科学習指導要領解説では，内容構成の基本的な視点として，(1) 自分と人や社会とのかかわり，(2) 自分と自然とのかかわり，(3) 自分自身という3点が挙げられる。さらに，これら3点の基本的な視点を具体化したア〜サまでの 11 の視点が設定される。(1) 自分と人や社会とのかかわりという視点に属するのが，ア 健康で安全な生活，イ 身近な人々との接し方，ウ 地域への愛着，エ 公共の意識とマナー，オ 生産と消費，カ 情報と交流，(2) 自分と自然とのかかわりという視点に属するのが，キ 身近な自然との触れ合い，ク 時間と季節，ケ 遊びの工夫，(3) 自分自身という視点に属するのが，コ 成長への喜び，サ 基本的な生活習慣や生活技能であると考えられる。

　これらの視点から，生活科学習指導要領解説における内容構成の3点の特徴を挙げることができる。第1は，科学的な見方・考え方の基礎の育成が生活科において明確に意図されている点である。(1) 自分と人や社会とのかかわりという視点は社会認識，(2) 自分と自然とのかかわりという視点は科学的認識，(3) 自分自身という視点は自己認識と関連していることは明白である。第1節で述べた通り，社会科との接続は十分考慮されていなかったという課題はあるものの，内容構成の視点には社会認識の基礎の育成が計画されてはいるのである。

　第 2 は，3 つの認識が内容構成の原理となっている点である。第 1 の特徴で述べた通り，生活科では社会認識・科学的認識・自己認識という 3 つの認識につながる体験活動を組織する視点から内容構成がなされているのである。

　第 3 は，生活科の内容構成では歴史意識の育成に関わる視点が複数盛り込まれている点である。例えば，ウ地域への愛着という具体的視点では，地域の人々や場所に親しみや愛着をもつことが求められる。地域への親しみや愛着をもつためには，地域がどのような土地柄であるのか，どのように変遷してきたのか，地域の人々はどのように生活してきて，現在に至っているのかという歴史的な観点，とりわけ，歴史意識の中でも歴史性の意識の次元の育成につながっていく。科学的認識とのかかわりが強い，ク時間と季節という具体的視点でも自然の時間と人間の時間の中での時間の直線的変動，周期的変動という時間意識の次元の育成が不可欠である。生活科では，歴史意識の育成は複数の視点において明確に試みられているといえる。

　これら 3 点の特徴を考慮し，生活科学習指導要領における内容構成と歴史意識との関連性を明示したのが，次頁の表 3-1 である。本表では，横軸に内容構成の視点，視点の内容，歴史意識という項目を設定し，縦軸に内容構成の基本的な視点と具体的な視点を列挙し，各視点の内容と，視点と歴史意識との関連を明示することを意図している。

　前述の通り，地域への愛着は歴史性の意識，時間と季節は時間意識という歴史意識の歴史的次元を育成する。公共の意識とマナーはモラルの意識，自己を意識し，自我の芽生えに関わる成長への喜びと基本的な生活習慣や生活技能はアイデンティティの意識という社会的次元を育成する。これらの視点は歴史意識と密接な関連に立つのである。

　生活科は理科と社会科の統合教科であり，3 つの認識を内容構成原理として視点を設定しているため，歴史意識の育成が教科目標として明示化されているわけではない。とはいえ，社会認識の基礎，科学的認識の基礎，自己への気付きというういずれの認識の基礎にも歴史意識の次元を育成する視点は組み込まれており，歴史意識の基礎として時間意識を育成する教育内容を統合的に扱うことは可能である。

表 3-1　生活科における内容構成と歴史意識の関係性

内容構成の視点		視点の内容	歴史意識
自分と人や社会とのかかわり（社会認識の基礎）	健康で安全な生活	健康や安全に気を付けて，友達と遊んだり，学校に通ったり，規則正しく生活したりすることができるようにする。	
	身近な人々との接し方	家族や友達や先生をはじめ，地域の様々な人々と適切に接することができるようにする。	
	地域への愛着	地域の人々や場所に親しみや愛着をもつことができるようにする。	歴史性の意識
	公共の意識とマナー	みんなで使う物や場所，施設を大切に正しく利用できるようにする。	モラルの意識
	生産と消費	身近にある物を利用して作ったり，繰り返し大切に使ったりすることができるようにする。	
	情報と交流	様々な手段を適切に使って直接的間接的に情報を伝え合いながら，身近な人々とかかわったり交流したりすることができるようにする。	
自分と自然とのかかわり（科学的認識の基礎）	身近な自然との触れ合い	身近な自然を観察したり，生き物を飼ったり，育てたりするなどして，自然との触れ合いを深め，生命を大切にすることができるようにする。	
	時間と季節	一日の生活時間や季節の移り変わりを生かして，生活を工夫したり楽しくしたりすることができるようにする。	時間意識
	遊びの工夫	遊びに使う物を作ったり遊び方を工夫したりしながら，楽しく過ごすことができるようにする。	
自分自身（自己への気付き）	成長への喜び	自分でできるようになったことや生活での自分の役割が増えたことなどを喜び，自分の成長を支えてくれた人々に感謝の気持ちをもつことができるようにする。	アイデンティティの意識
	基本的な生活習慣や生活技能	日常生活に必要な習慣や技能を身に付けることができるようにする。	アイデンティティの意識

（『小学校学習指導要領（平成 20 年告示）解説　生活編』pp. 19-20 を基に宇都宮作成）

　以上から，学習指導要領の内容構成を検討すると，生活科という統合教科においても，歴史的次元ではとりわけ時間意識や歴史性の意識，社会的次元ではとりわけアイデンティティの意識やモラルの意識が育成可能であるということが明らかとなった。

3　時間意識の育成のための内容構成

　本節では，前節の歴史意識観に基づき，歴史意識の基礎を育成するためのドイツ及び日本の教科書の内容構成について考察する。

(1) ドイツの教科書の内容構成

　まず，事実教授教科書バイエルン州用"Piri"を用いて内容構成について分析する。本教科書の単元は，時間意識の育成のための内容構成という観点から第1章において既に論じているため，本章の目的に即して，再整理する。

　第1学年の時間学習に関する単元は「時間は過ぎ去る」であり，「君の1日」「昼と夜」「1週間は7日からなる」「学校の今と昔」「私は今できる」という小単元から構成される。第2学年の単元は「昔と今」と「時間」という2つの単元で構成される。「昔と今」は，「私の時間の経過表」「家族の今と昔」「時間の変動の中の遊び」「聖マルティノ」「まとめの頁」という5つの小単元からなる。「時間」は，「カレンダー」「年時計」「クリスマス」「まとめの頁」という4つの小単元からなる。

　"Piri"の分析から，時間把握に関しては，直線的理解と周期的理解，客観的時間と主観的時間，自然の時間と人間の時間という3つの時間把握があると想定している。直線的理解とは1日，1か月，1年といった過去から未来へと続く直線的な時間的スパン，周期的理解とは季節の変化といった反復的に繰り返される周期的な時間的スパンを意味する。客観的時間とは月の公転や地球の自転といった自然科学的な意味での時間変動，主観的時間とは人間の社会生活における共生を可能にする時間秩序や時間規則といった社会科学的な意味での時間変動を意味する。自然の時間とは季節の永続的反復や人間の誕生と消滅といった不可避の独自の規則性を伴う時間変動，人間の時間とは各世代で異なり独自に形成される歴史的時間としての時間変動を意味する。

"Piri"の時間学習に関する全単元を貫く特徴は以下の8点である。

(1)直線的理解と周期的理解からなる時間把握である。
(2)客観的時間と主観的時間からなる時間把握である。
(3)自然の時間と人間の時間からなる時間把握である。
(4)これら3つの時間把握を小単元ごとに関連づけながら，多層的な時間把握がなされている。
(5)時間（歴史）把握は学年段階が上がるにつれ，複雑化・高度化していることである。
(6)第5までの特徴で検討した時間（歴史）把握を通して，時間意識と現実意識と歴史性の意識という3つの歴史性の次元が全て育成されている。
(7)歴史意識の歴史性の3つの次元はアイデンティティの意識と関連づけられて育成されている。
(8)第1・2学年段階の時間学習では，歴史意識の中でもとりわけ，時間意識の育成が重視されている。

　以上のように"Piri"の時間学習に関する単元では，各小単元の学習目標に即した学習活動を通して，時間の経過や推移，ないしは歴史的変動を把握することで時間意識を中心とした歴史性の次元とアイデンティティの意識という社会性の次元の育成を目指す時間（歴史）学習がなされていることが判明した。

(2)日本の教科書の内容構成

　次に日本の生活科の教科書における時間学習に関する単元を分析する。分析対象として，生活科の教科書で最大のシェアを占める東京書籍の2014年版教科書『どきどきわくわく　新編　あたらしいせいかつ　上』『あしたへジャンプ　新編　新しい生活　下』を選択する。本教科書を時間意識の育成のための内容構成という観点から整理したのが表3-2である。本表は，横軸に学年・内容・単元・学習目標・学習活動・時間（歴史）把握・歴史意識の次元という項目を設定し，どのような学習活動を通してどのように時間を把握し，歴史意識の次元を育成しようとしているかを明示することを意図している。

表 3-2　日本の教科書（東京書籍）における時間学習の内容構成

学年	内容	単元	学習目標	学習活動（時間学習に関係する部分のみを抜粋）	時間（歴史）把握	歴史意識の次元
第1学年	季節の変化と生活	なつだあそぼう	・夏の公園や校庭で，身近な自然と関わり，それらを利用して遊ぶことを通して，遊びの面白さや自然の不思議さに気付き，みんなで遊びを楽しみ，自分たちの生活を楽しくすることができるとともに，公園がみんなで使う場所であることが分かり，安全に気を付けて，正しく利用することができるようにする。	・夏の動植物探しや観察 ・草花や樹木を利用した遊び ・シャボン玉遊び ・気付いたことを話し合い，記録カードに記入	自然の時間周期的理解	時間意識
		たのしいあきいっぱい	・秋の校庭や公園で，身近な自然と関わり，それらを利用して遊ぶことを通して，秋の自然や，夏との違いや変化に気付いたり，自分たちの生活を楽しくしたりすることができるようにする。	・初秋の動植物の観察や木の実集め ・夏の頃の様子と比較して，変化を話し合い，記録カードに記入 ・自然物を使った遊びと簡単なおもちゃ作り ・見つけた秋の紹介	自然の時間周期的理解	時間意識
		ふゆをたのしもう	・冬の公園や校庭で，身近な自然と関わり，それらを利用して遊ぶことを通	・冬の動植物の観察 ・霜柱や氷など，冬特有の自然探し	自然の時間周期的理解	時間意識

			して，遊びの面白さや自然の不思議さに気付き，みんなで遊びを楽しんだり，自分たちの生活を楽しくしたりすることができるとともに，公園がみんなで使う場所であることが分かり，安全に気を付けて，正しく利用することができるようにする。	・夏や秋の様子と比較して，変化を話し合い，記録カードに記入 ・冬の公園に行き，自然や生活の様子の変化を話し合い，記録カードに記入 ・冬の風を利用した遊び ・雪や氷を使った遊び		
	家庭と生活	じぶんでできるようになる	・家庭生活について，調べたり，尋ねたりすることを通して，自分の家庭生活を振り返り，家庭生活を支えてくれている家の人のことや，家の人のよさ，自分でできることなどについて考え，自分の役割を積極的に果たすとともに，規則正しく健康に気を付けて生活することができるようにする。	・家庭での自分の1日の生活の振り返り ・自分の1日の生活の調査 ・調べてきたことをもとに自分の1日の生活をワークシートに記入 ・ワークシートをもとにした友達との話し合い	人間の時間直線的理解	時間意識
				・地域の人に昔から伝わる遊びを教わり，いっしょに遊ぶ	人間の時間の中での子どもの遊びの継続や変動	歴史性の意識

	自分の成長	もうすぐ2ねんせい	・自分の1年間の生活や，自分でできるようになったことなどを振り返ったり，年長児と関わりを深めたりする中で，自分自身の成長や，役割が増えたことに気付くとともに，進級への期待感や意欲をもつことができるようにする。	・写真やビデオ，記録カード，作品などの手がかりをもとにした1年間の出来事の振り返り ・グループで自分たちができるようになったこと，役割が増えたことなどの話し合い	人間の時間直線的理解	時間意識アイデンティティの意識
	季節の変化と生活	春だ今日から2年生	・春の身近な自然を観察したり，新しい1年生と交流したりする活動を通して，四季の変化や春の訪れに気付くとともに，進級によって自分たちの役割が増えたことが分かり，意欲的に2年生の生活を送ろうとすることができるようにする。	・春の動植物を観察 ・冬から春になって変化したものを探すことによる比較 ・四季の変化の友達との共有	自然の時間人間の時間周期的理解	時間意識
第2学年	自分の成長	あしたへジャンプ	・自分の生活や成長を振り返ったり，身近な人々にインタビューをしたりして，それらを作品にまとめたり，伝え合ったりする中で，自分ができるようになったことや大きくなったこと，役	・表現作品などを手がかりにして，入学後の2年間を振り返り，自分ができるようになったことを見付ける ・身近な人々へのインタビュー ・表現方法を工夫	人間の時間直線的理解	時間意識アイデンティティの意識

| | | | 割が増えたことなどが分かるとともに，これまで成長を支えてくれた人々に感謝の気持ちをもち，これからの成長への願いをもって，意欲的に生活することができるようにする。 | して，自分の成長をまとめる
・感謝の気持ちを伝える発表会の開催
・第3学年での学習や生活への意欲や願いをもつ | | |

（東京書籍『どきどきわくわく　新編　あたらしいせいかつ　上　教師用指導書指導編』『あしたへジャンプ　新編　新しい生活　下　教師用指導書指導編』より酒井作成。下線部は酒井による。）

　　第1学年の時間学習に関する単元は3つの内容構成からなる。「なつだ　あそぼう」「たのしいあきいっぱい」「ふゆをたのしもう」は，季節の変化とそれに即した生活に関する内容構成となっている。「じぶんでできるようになる」は，家庭での自立した生活に関する内容構成である。「もうすぐ2ねんせい」は1年生という1年間を振り返り，その成長の自己や他者による評価に関する内容構成である。第2学年の時間学習に関する単元は，季節の変化とそれに即した生活に関する内容構成を採る「春だ　今日から2年生」と2年生の1年間を振り返る内容構成からなる「あしたへジャンプ」である。

　　表3-2の検討から明らかにした日本の教科書の時間学習に関する全単元を貫く特徴は以下の5点である。

(1) 主に「季節の変化と生活」及び「自分の成長」の内容項目が重点的に配置され，2学年にわたって，時間に着目した単元が盛り込まれている。

(2) 「季節の変化と生活」の内容項目では，季節の変化という自然の時間を通した周期的理解からなる時間把握が意図される。

(3) 「自分の成長」の内容項目では，1年間の成長という人間の時間を通した直線的理解からなる時間把握がめざされる。

(4) 「季節の変化と生活」の内容項目では時間意識の育成，「自分の成長」の内容項目では時間意識とともにアイデンティティの意識の育成が図られる。

(5)第1学年の「家庭と生活」の内容項目では，時間意識とともに歴史性の意識の育成が想定されている。

　これら5点の特徴をみると，日本の教科書においても時間学習を通して時間把握や歴史意識の育成が図られているように思われる。第2節で考察した生活科学習指導要領解説では，時間意識や歴史性の意識，アイデンティティの意識やモラルの意識の育成が図られているため，生活科教科書でもこれら歴史意識の次元の育成が組み込まれていることが窺える。

　しかし，"Piri"の分析から明らかにした特徴と比較すると，時間把握や歴史性の意識の育成において課題があることは明白である。生活科教科書では，"Piri"における客観的時間と主観的時間からなる時間把握はみられず，直線的理解と周期的理解からなる時間把握や自然の時間と人間の時間からなる時間把握の小単元ごとの関連づけによる多層的な時間把握もなされていない。歴史性の意識に関しては，第1学年の一単元の一部で扱われるのみである。そのため，生活科内での学年段階で時間把握が複雑化・高度化することはなく，学年段階での接続が十分考慮されていないという日本の教科書の第1の課題が明らかとなる。

　また，各単元で独立して時間把握や歴史意識の次元の育成がなされるため，歴史意識の次元を関連づけた発展的な育成も考慮されていない。そのため，時間意識から歴史意識をどのように発展させていくのかという方策が講じられていないという第2の課題も明白である。

　さらに，とりわけ，「季節の変化と生活」では自然観察や自然のものを使った遊びなど理科的な内容に重きがおかれており，第3学年以降の社会科での科学的な見方・考え方の基礎を育成するという，接続のための方策が講じられているとはいえない。そのため，社会科との接続がなされていないという第3の課題も判明する。

　これら3点の課題から，日本の生活科教科書では，時間意識から歴史意識への高次のレベルに発展させる体系的な学習が想定できないのである。そこで，第4節では，日本の教科書の課題を克服するために，生活科における時間意識を育成する授業を開発する。

4 時間意識を育成する授業の開発

本節では，これまでの考察を踏まえ，歴史意識の基礎を育成する生活科授業を開発する。開発した授業は公立小学校（H県F校）第2学年（児童数16人）を対象に酒井が実施し，その授業記録をまとめた。本授業では，歴史的次元では時間意識や歴史性の意識を，社会的次元ではアイデンティティの意識の育成を目指し，授業のねらいを「創立記念日との関連から自分の小学校の歴史に興味を持つことができ，今と昔の小学校の様子や生活の比較において継続と変動があることに気付き，時間意識を育成する」と設定して，以下の学習活動を展開した（表3-3 本時の展開を参照）。

1．F校の創立からの歴史の長さを表したシンボルツリーである桜の年輪を時間軸として見て，学校の創立がどのくらい前なのかを理解する。
2．昔と今の学校の写真を比べ，気付いたことを発表する。
　（1）線路から見た学校の遠景と桜の木（桜の木の成長と学校の変動）
　（2）教室の学習風景（継続と変動）
3．昔の学校の様子を知る方のインタビュー映像を見て，感想を述べる（文書，写真・絵，時代証言者のオーラル情報＝メディアの多様性）。
4．本時の学習の振り返りを書く。

授業を開発するにあたって，参照した“Piri”の小単元は「学校の今と昔」である。この小単元は，レアプランの単元4.2の「生活世界の変動性と継続性を自分の経験領域からの事例で描写する」「選択された資料に基づいて，自身の生活における時間的スパンを報告し，それを時間の経過表に記録する」を学習目標とする。ここでは，昔と今の教室の写真や，祖父母の世代から現在までを直線的に理解し，世代で異なる主観的時間と人間の時間から時間を把握する。学校生活の規律は世代間で異なるが，学校生活時間における規律の比較から，変動や継続を捉える歴史性の意識とアイデンティティの意識とモラルの意識を組み合わせて育成するものである。

　“Piri”の小単元「学校の今と昔」をもとに作成した本時の展開が表3-3である。

表3-3　本時の展開

時間	学習活動	指導上の留意点	◎ 時間把握 □歴史意識の次元
10	1．F校の学校創立（142年前）が，どのくらい前なのかを理解する。	○F校の学校創立から現在までの時間の長さを「年輪」で表した図を黒板に掲示し，児童の生きてきた時間の長さと比較させることにより，創立以来の時間の長さを視覚的に理解させる。 ○「年輪」に学校の大まかな歴史を表示して，児童に時間の経過と変動の関係を理解させる。	◎直線的理解 ◎周期的理解 □アイデンティティの意識
	2．写真から，今と昔の学校の様子を比べる。		◎直線的理解 ◎主観的時間 ◎人間の時間
	今とむかしの小学校や生活のようすをくらべて，同じところとかわったところを見つけよう。		
15	（1）線路から見た学校の遠景と桜の木 ・昭和10年頃の写真 （2）教室での学習風景 ・大正末期及び昭和初期の写真	○（1）の写真においては，同じ角度から撮った昭和10年頃の学校の全景の写真と現在の写真を比べさせ，「百年桜」がまだ小さいこと，「上運動場」が同じようにあることなど，気付いたことを発表させる。 ○（2）の写真からは，黒板や教室の掲示などはだいたい同じであるが，教室で学習している児童数や服装は違うこと（和服と洋服）など，気付いたことを発表させる。	□時間意識 □歴史性の意識
15	3．卒業生が小学生時代の思い出を語るビデオの視聴を通して，今と昔の学校の様子を比べる。	○ビデオは，学習活動2の，学校の様子のなかでも「百年桜」と「教室の風景」に焦点化して編集されている。児童に桜の成長とともに建物や学習の様子も変わっていったことを理解させる。 ○ビデオの話の中で，理解しにくいところは写真で補う。	◎周期的理解 □時間意識 □歴史性の意識

5	・Aさん（90歳） ・Bさん（72歳）	○卒業生が小学校で生活した時代を学校の「年輪」に示し，どのぐらい昔の話なのか理解させる。	□アイデンティティの意識
	4．本時の学習の振り返りを書く。	○今と昔の学校の様子を比べて「おなじところ」「かわったところ」はそれぞれどこであったか理由を添えて書かせる。	□時間意識

　本授業においては，日本の学校において，学校の創立を記念する日として学校行事に位置づけられていることが多い「創立記念日」を題材にとりあげた。授業を実施したF校も平成26年度までは，休日として扱われていた一方，歴史の重みと一体となって価値を生みだす「記念日」に対しては，その歴史性の意識が育まれていない低学年の児童にとって，理解しにくい記念日であった。

　そこで，学習活動1においては，F校の創立から現在までを，1年を1センチで表した「木の年輪」で視覚的に表し，直線的に理解させることにした。この年輪を用いたのは，F校の運動場のスタンドには3本の「百年桜」というシンボルツリーがあり，児童にとって，その木の年齢を表す年輪を用いることにより，学校の歴史について興味を持つことができると考えたからである。このことは理科と社会の統合教科として，木の年輪という自然事象を時間軸として設定し，生活科らしい教材の取り扱いを考慮することを意味している。

　次に学習活動2においては，昔と今の学校の写真を比べ，気付いたことを発表させた。ここでは多くの比較対象のなかから，(1) 線路から見た学校の遠景と桜の木（桜の木の成長と学校の変動）と(2) 教室の学習風景（継続と変動）の2点に絞って，百年桜が植樹された時代の学校と現在の学校の様子を比較させた。さらに学習活動3においては，昔の学校の様子を知る方のインタビュー映像を見て，感想を述べさせた。この活動は，文書，写真・絵に加えて，時代証言者のオーラル情報を用い，メディアの多様性でもって，世代で異なる主観的時間と人間の時間からの時間把握をねらったものである。そして，授業の最後にはワークシートに本時の感想を書かせた。

　以下，学習活動に沿って，教師の発問に対する児童の発言をピックアップし，授業の概要をまとめる。

(1) F校の創立からの歴史の長さを表したシンボルツリーである桜の年輪を時間軸として見て，学校の創立がどのくらい前なのかを理解する。

　児童は，F校の創立から現在までの142年間を，1年を1センチで表した「木の年輪」（＝時間軸）によって，直線的に理解することができていた。それは，「真ん中から学校が始まった」などの児童の発言からわかる。また，「1，2，3，4，5，6，7，8，このへんか。あ，私，7歳なので7個」と年輪の外側から，自分が生まれた場所を示したことにより，創立142年という時の長さを自分の年齢と比べることによって，視覚的に理解をすることができていた。

写真 3-1　創立から現在までの歴史の長さを表した「年輪」

表 3-4　授業記録「学習活動1」

教師1	＜前略＞ じゃあね，ヒント出すよ。(そう立記念日と黒板に書く)「そうりつ」と読みます。創立記念日を知っている人。
児童1	はい。
教師2	創立記念日ってどんな日のこと。はい，どうぞ。
児童2	学校が建った日のこと。
教師3	そうだね，それがヒント。
児童3	学校が建った？
児童4	この線がさ，学校が始まった。真ん中から学校が始まった。
教師4	その通り，拍手。
児童5	2016って書いてある。
教師5	ちょうどね，この真ん中から始まって，そして，1年を1cmとして，こうやって書くと。
児童6	年輪だ。
教師6	その通り。これは年輪です。年輪って，今から説明するけど。はいどうぞ。
児童7	木の歳を表す，あの線みたいなやつ。

児童8	だから，今がこれ。
教師7	そう，その通り。今いるのは，一番，外の線の上。
児童9	確かに校長先生も言っていた。一年経ったらF校は，何歳になりましたって。
教師8	そう。だからF校はね，今，142歳。
児童10	だから，全部で142か。
教師9	じゃあ，みんなは，この年輪のどこで生まれたの。
児童11	<u>1，2，3，4，5，6，7，8，このへんか。あ，私，7歳なので7個。</u>
教師10	そうだね。じゃあ，みんな，この辺にいるわけか。（外側から7つ目の年輪を指さす）
児童12	（口々に）ぼく7歳。8歳。
児童13	全部の年輪が，数えて100個やったら100歳。
教師11	その通り。だから，真ん中から数えて，このF校は，今？
児童14	142歳。
教師12	（142さいと黒板に書く）

(2)昔と今の学校の写真を比べ，気付いたことを発表する。

①線路から見た学校の遠景と桜の木（桜の木の成長と学校の変動）

今と昔の小学校の様子や生活の比較において継続と変動があることに気付き，時間意識を育成するために，線路から見た学校の遠景と桜の木につい

写真3-2　昭和10年頃のF校の遠景

て，同じ地点から撮影した今と昔の小学校の写真を並べ，比較させた。これにより，桜の木の成長と学校の変動について気付かせることを図る。桜の木は大正15年頃に植樹され，当時はまだ幼木であった。それが，現在に至っては「百年桜」と呼ばれるほどに成長したのである。児童は学校のある場所は変わっていないが，建物が木造から鉄骨に変わっていることに加えて「桜の咲いているところが違う」と学校の周辺の桜の違いにも気付いている。

表3-5　授業記録「学習活動2（1）」

	＜前略＞
教師13	他，どうでしょう。線路，誰か言っていたよね。はい，どうぞ。
児童15	今は線路は2本やけど，1本になっている。
教師14	よく見つけたね。線路が違う。でも，同じところは。
児童16	線路があった。
教師15	そうだね。こっちは2本で。
児童17	あともう一つあった。写真には見えないけど。
教師16	もっと，他，違いないかな。
児童18	桜の咲いているところが違う。
教師17	その通り。すごいところを見つけたね。はい，見てください。前に来て。みんなが言っている「百年桜」というのが，どこにあるかだね。
児童19	今は，上運動場に咲いている。
教師18	はい，拍手。よく見つけたね。ここなんです。これが「百年桜」。どう，今の桜と比べて。
児童20	数が多い。
教師19	数が多いのと，他は。写真を見てごらん。
児童21	線路側にもある。
教師20	そうなんだよね。

②教室の学習風景（継続と変動）

　ここではF校の教室の学習風景について，昭和初期の写真と現在の様子について比較させた。まず，教室にいる児童数についての発問においては「だいたい，50くらい」「ぎゅうぎゅう詰めになっている」と答え，現在16名の児童数と比較して，昔の教室にいる人数の違いに驚いた児童であったが，黒板や机，椅子などがあるという学校の教室というものについては大きな違いがないということに気付いていた。

写真3-3　昭和初期のF校の教室風景

表 3-6　授業記録「学習活動２（２）」

	<前略>
教師 21	変わったこと，同じことを発表してください。
児童 22	ぎゅうぎゅう詰めになっている。
教師 22	数を数えてみて。
児童 23	だいたい，50 くらい。
教師 23	実は，55 人くらいいます。みんな，何人？
児童 24	16 人。
教師 24	人の数が多い。じゃあ，次は。
児童 25	机が細い。
教師 25	見て，これ。よく見てね。みんなの机は１人に１つ。これは２人に１つ。机が違うね。他，どうでしょうか。もっと，違うところ。
児童 26	椅子も違う。
教師 26	椅子の形が違うね。
児童 27	横に棒がついている。
児童 28	クッションがない。
教師 27	何でできていますか。
児童 29	木。
教師 28	みんなの椅子は。
児童 30	鉄と木。
児童 31	これは，ただの木だけ。
児童 32	ベンチみたいな形になっている。
教師 29	机も椅子も黒板もあるけど，ちょっとずつ古い。でも，学校は同じような感じですね。

(3)昔の学校の様子を知る方のインタビュー映像を見て，感想を述べる（文書，写真・絵，時代証言者のオーラル情報＝メディアの多様性）。

　次に昔の学校の様子を知る方のインタビュー映像を見せた。ビデオは，学習活動２の，学校の様子のなかでも「百年桜」と「教室の風景」に焦点化して編集されている。卒業生が小学校で生活した時代を学校の「年輪」を用いて，どのくらい昔の話なのか理解させた上で，児童に桜の成長とともに建物や学習の様子も変わっていったことを理解させることをねらった。ビデオの話の中で，理解しにくいところは写真で補った。Ａさんは 90 歳，Ｂさんは 72 歳である。

表 3-7　時代証言者のオーラル情報の例「学校のシンボルツリー」について

＜Aさん　90歳＞

　小学校の桜については，吉野桜についてはあまり印象に残っていませんが，坂の上を登ったところに大きな八重桜があって，これはきれいに咲いていました。また，特に印象に残っていますのが，校庭に並んで植えられていたポプラ。これはかなり大きなポプラで，秋になると紅葉してそれが散って，その散ったやつで草相撲をするというので，みんな競ってポプラの葉を拾ったものです。

＜Bさん　72歳＞

　上の運動場と下の運動場の間にスタンドができていましたけれども，なぜかあそこでは遊ばなかったです。あそこで遊ぶと危ないといわれていたのかもしれないですが，あまり記憶はありませんね。でも，桜は，大きな桜はありました。今は無くなってしまいましたけれども，運動場と線路の間に土手があって，大きな桜が咲いていました。秋になって運動会があると，みんなあそこに，ござをひいたり，むしろをひいたりして，そして，お弁当を広げました。1年に1回か2回だけ巻き寿司を食べさせてもらうのは，あの土手の桜の木の下でした。

表 3-8　授業記録「学習活動3」

	＜前略＞
教師30	これ見て。F校の「百年桜」のところですが，ここ何かがありませんね。
児童33	桜がなくなっている。ということは，なくなっているんじゃなくて，まだ，なかったんか。
教師31	桜は，創立の時に植えられたものではありません。（学校文集の表紙を見せる）これは『芽生え』という学校文集の表紙なのですけど，ちょうど，この辺が「百年桜」のあたりです。Aさんがいらっしゃった時，小学校の窓から外を見た絵が描かれているのだけど，これ，何ですか。
児童34	ポプラ。
教師32	そうですね。Aさんのころは，学校が大事にする木は，今の「百年桜」でなくてポプラだったのです。ポプラといえば，（写真を見せる）このようなものです。小学校といえば，今は「百年桜」。この頃は，ポプラの木です。
児童35	全然違う。
教師33	それから次の文集の表紙を見てください。（学校文集の表紙を見せる）この頃になったら，校門から入ってくるところに，八重桜があって，シンボルの木がポプラから八重桜に変わっています。
児童36	その次に桜。
教師34	そうなんですよ。

ビデオ，絵や写真という多様なメディアを通して，学校の創立から学校のシンボルツリーが，ポプラから八重桜，そして，桜の木というように変動したことに気付き，その後，シンボルツリーの変遷を示す写真や絵を通して，シンボルツリーという存在は同じであるが，時代と共にその木が変動していることを理解している。

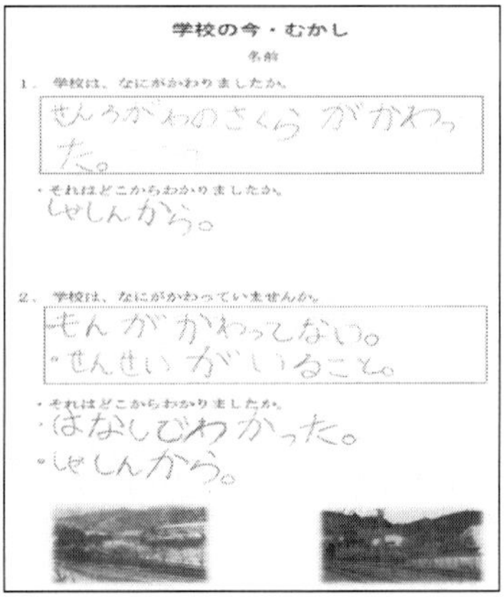

(4)本時の学習の振り返りを書く。

図 3-1　ワークシートの記入例

　学習活動 4 においては，本時の学習を振り返らせて，今と昔の学校の様子を比べて「おなじところ」「かわったところ」はそれぞれどこであったか理由を添えて書かせた。書かせる時間が十分になかったため，「学校は，なにがかわりましたか」「学校は，なにがかわっていませんか」という設問に対して，「一番，心に残っていることを書きましょう」という指示を出した。

　次節で，このワークシートの記述分析より授業の評価を行う。

5　授業評価と総括

　第 4 節の授業では，歴史的次元では時間意識と歴史性の意識を，社会的次元ではアイデンティティの意識の育成を目指し，授業のねらいを，「創立記念日との関連から自分の小学校の歴史に興味を持つことができ，今と昔の小学校の様子や生活の比較において継続と変動があることに気付き，時間意識を育成する」と設定して，学習活動を展開した。

　本授業の評価は児童のワークシートからの記述を分析することで行う。設問は「F校のかわらないところ」「かわったところ」の 2 つであり，根拠を示した上で回答させた。

(1)授業評価

①学校の歴史の継続

　児童のワークシートの記述内容を整理したものが，下記の表 3-9 及び 3-10 である。設問 2 の「学校は，なにがかわっていませんか」においては，「ゆうぐ・うんてい」が 8 人，「校もん・数」が 7 人と児童数 16 人の中で多数を占めている。これは，現在の学校の様子を

写真 3-4　今と昔の写真を比較する児童（右の掲示物は「年論」を一部切り取ったもの）

約 90 年前の写真と比較する中で，どちらも児童が気付いて驚きの声を挙げたものであった。今とほぼ同じ場所に遊具のうんていが設置されていることは，児童にとって思ってもいないことであったようである。また，校門の御影石でできた 4 つの門柱も児童にとっては，日頃見慣れているものであったが，約 90 年前から同じ位置に立っていることが昔の写真からわかり，見慣れている学校の風景の中にも昔から継続しているものが存在しているということに気付いたといえよう。さらに着目したいのは，「先生がいる」4 名，「こくばん」2 名，「上うんどうじょう」2 名，「つくえ」1 名という回答である。児童は，今と昔の小学校の様子や生活の比較において，単に遊具や校門といった事象のみならず，約 90 年という長い期間を経ても継続する学校という存在，つまり，システムとしての学校を捉えていることがわかる。

表 3-9　ワーシートの記述内容（学校の歴史の継続）※複数回答

〔設問 2〕学校は，なにがかわっていませんか。

ゆうぐ・うんてい（8），校もん・数（7），先生がいる（4），こくばん（2），上うんどうじょう（2），池（2），せんろがそばにある（2），つくえ（1），コンクリート（1），橋（1），かいだん（1），さくら（1）

・それはどこからわかりましたか。

しゃしん（10），ビデオ（3），みんなのはっぴょう（2）

②学校の歴史の変動

　設問１の「学校は，なにがかわりましたか」においては，シンボルツリーである桜の木と教室環境の２点に関する記述が大半を占めている。学校の歴史における変動を考察するための観点は多様に想定されるが，本授業では小学校低学年という発達段階を考慮して，児童が今と昔の小学校の様子や生活をより比較しやすくなるよう，この２点に焦点化した。そのため，この２点に関する記述が多くなっていると考えられる。

　児童の記述のうち着目したいのは，この授業を受けるまで名前も知らなかったであろう「ポプラ」を回答として記述した児童が３名いたことである。児童にとっての学校のシンボルツリーは「百年桜」である。しかし，「ポプラ」と記述した児童は，その桜以前にも，線路側の桜の並木，校門の八重桜，そして，ポプラという形で，シンボルツリーがそれぞれの時代を経て変動してきたということに気がついている。他にも「さくらが，むかしせんろがわにもあった」と説明している児童もいた。これは桜の木が年と共に生長し幹を太くし（年輪を増し），大きくなる一方，途中何らかの理由で人為的に切られるなどして，人によって環境が人工的に変化することをイメージしていたのかもしれない。そのような気付きが得られたのは，導入や授業中に用いた教材の「年輪」の視覚的なインパクトの大きさも考えられるし，２人の卒業生のビデオの証言がシンボルツリーに焦点化されていたことも影響したであろう。

表3-10　ワーシートの記述内容（学校の歴史の変動）※複数回答

〔設問１〕学校は，なにがかわりましたか。

さくらのいち・数（５），ふく（５），つくえ（５），せんろの数（４），校しゃ（４），ポプラ（３），ゆうぐ（３），いす（２），かいだん（２），橋（２），もん（２），池の中のオオサンショウウオ（１），男女の教室がわかれている（１）

・それはどこからわかりましたか。

しゃしん（12），ともだちのはっぴょう（２），絵（１），Ｂさんのビデオ（１）

③アイデンティティの意識の育成

　アイデンティティの意識の育成に関しては，ワークシートの記述中には表れていなかったが，授業の導入で創立記念日を「年輪」を使用して説明した際には，「じゃあ，142 年前から生徒が通っていたんだ」という児童の発言があり，「年輪」の輪を遡ることにより，142 年前のF校と自分たちの今の学校を同一視することで，当時の児童と自分たちが同じ学校に所属しているという所属性を通してアイデンティティの意識を獲得している。これは同一の所属性を喚起することによる変動の認識である。

　授業後半の学習活動 3 においては，卒業生のビデオの視聴後に「百年桜」の植樹前の写真を見た際，「桜がなくなっている。ということは，なくなっているんじゃなくて，まだ，なかったんか」という，「百年桜」を自分たちのF校のシンボルとして捉えている児童の発言があった。さらに，「F校の教室や建物があまり変わっていない」といった発言もなされており，児童の発言は授業が後半に入るにしたがって，昔のF校を，歴史を遡った今の自分たちの学校と同じ存在として捉え，F校への所属性を強めることで，アイデンティティの意識を高めることができているといえよう。

(2) 総括

　本章の目的は，ドイツの事実教授教科書における時間学習に関する単元の分析をもとにして，歴史意識の基礎を育成する生活科授業開発を行うことであった。そのために，生活科において歴史意識をどのように育成すべきかを考察した上で，時間意識の育成という観点からドイツ及び日本の教科書の内容構成を分析した。その分析を踏まえ，学校の今と昔に着目した時間学習に関する生活科授業を開発し，実際に公立小学校で実施し，授業分析を行った。その授業を歴史意識の基礎を育成するという視点から評価し，生活科における歴史意識の基礎を育成する授業の在り方を究明することを試みた。それにより，以下の 6 点が明らかになった。

　第 1 に，生活科の 1 時間の授業において直線的理解と周期的理解という時間把握が可能であるという点である。生活科学習指導要領解説や生活科教科書では，各単元で直線的理解と周期的理解のいずれかの時間把握をさせることがめざされていたが，本授業では，導入において 2 つの時間把握をさせることができた。

第2に，生活科の授業において，人間の時間と主観的時間という時間把握が可能であるという点である。生活科教科書にはみられなかった主観的時間を授業に組み込むとともに，人間の時間と主観的時間を関連づけた時間把握をさせることができた。

　第3に，生活科の授業では，複数の時間把握を関連づけた多層的な時間把握が可能であるという点である。第1と第2の点から，生活科学習指導要領解説と生活科教科書では構造的に配列されていなかった多層的な時間把握が本授業ではなされていることが分かる。

　第4に，生活科において歴史意識の基礎としての時間意識や歴史性の意識を育成することは可能であるという点である。本授業では，学校の歴史の継続と変動をシンボルツリーと教室環境という具体的事例を通して考察することで，時間意識や歴史性の意識を育成することができている。

　第5に，生活科において歴史意識の基礎としてのアイデンティティの意識を育成することが可能であるという点である。本授業では142年を可視化する年輪，百年桜や教室環境を通して，学校への所属性を深め，アイデンティティの意識を育成することができている。

　第6に，生活科の授業では歴史意識の次元を関連づけて育成することが可能であるという点である。本授業では，時間意識や歴史性の意識は学校の継続と変動から関連づけて育成するとともに，アイデンティティの意識も時間意識や歴史性の意識と関連づけて育成することができている。

　以上の6点から，本生活科授業は，歴史意識の基礎として時間意識を育成する授業の一形態を提示することができたと結論づけられる。

　最後に，本生活科授業を通して明確となった3点の課題を提示する。

　第1は，歴史意識の基礎の育成におけるメディアの有効性の検証である。本授業では，ワークシートの2つの設問において，根拠をもって回答することを児童に求めた。設問1の場合では，「写真」が12人と最も多く，今と昔の小学校の様子や生活を比較させる上では，写真は有効であることが判明した。さらに，絵（学校文集の表紙）やビデオも挙げられており，時間意識やアイデンティティの意識を育むためには，写真・絵，時代証言者のオーラル情報など多様なメディアの利

用が有効といえよう。今後，どのようなメディアを通して歴史意識を育成すべきかという問いのもとでメディアの有効性を検証し，考察を深める必要がある。

　第2は，歴史意識の基礎の育成における協同での学習の有効性の検証である。ワークシートでの回答の根拠として，メディアではなく，「ともだちのはっぴょう」とした児童が2名おり，授業内の友達との話し合いを通して，児童は学校の変動についての気付きを深めていることがわかった。しかし，1時間の授業では，話し合いの時間が十分にとれなかったという問題も挙げられる。歴史意識の基礎の育成におけるクラス内での協同での活動の有効性を検証し，育成を促すための考察をしなくてはならない。

　第3は，歴史意識の基礎の育成を可能にするための子どもの理解の質を深める手立てである。児童が回答したワークシートでは，学校の歴史の継続と変動を具体的事例でのみ捉えており，その理解がまだまだ表面的なものにとどまっている。具体的事例から抽象的な時間把握や事例へと子どもの理解を深めることが歴史意識の基礎を育成するために不可欠である。

　これら3点の課題は1時間の授業のみで克服可能なものではない。"Piri"における時間学習にみられる2学年段階での段階的な発展や多層的な時間把握や歴史意識の次元を関連づけた歴史意識の育成など，カリキュラム全体を通した検討がなされなくてはならない。また，歴史意識の基礎を育成するという明確な学習目標のもとで，生活科だけでなく，社会科における学習への接続も考慮しなくてはならない。この学習目標を設定した授業を蓄積することが，生活科と社会科，初等段階と中等段階の接続を可能にする方策を提示することになるであろう。

【註】

1)　文部科学省『小学校学習指導要領解説　生活編』日本文教出版，2008年，p.3を参照。

2)　例えば，『どきどきわくわく　新編　あたらしいせいかつ　上』『あしたへジャンプ　新編　新しい生活　下』東京書籍，2014年では，季節の移り変わりや各季節での暮らしの変化を，『新版　たのしいせいかつ　上－なかよし』大日本図書，2014年では祖父母の頃の遊び，『新版　たのしいせいかつ　下－はっけん』大日本図書，2014年では，1日の変化を扱っている。

3) Vgl. Gesellschaft für Didaktik des Sachunterrichts (Hrsg.): Perspektivrahmen Sachunterricht. Vollständig überarbeitete und erweiterte Ausgabe. Klinkhardt 2013.

4) Pandel, Hans-Jürgen: Dimensionen des Geschichtsbewußtseins. Ein Versuch, seine Struktur für Empirie und Pragmatik diskutierbar zu machen. In: Geschichtsdidaktik 12 , H. 2, 1987, S. 132.

5) Pandel, Hans-Jürgen: Geschichtsunterricht nach PISA. Kompetenzen, Bildungsstandards und Kerncurricula. Wochenschau Verlag 2007, S. 20-21.

6) A.a.O., Anm. 4, S. 131.

7) Pandel, Hans-Jürgen: Geschichtlichkeit und Gesellschaftlichkeit im Geschichtsbewusstsein. Zusammenfassendes Resümee empirischer Untersuchungen. In: Borries, Bodo von/ Pandel, Hans-Jürgen/ Rüsen, Jörn (Hrsg.): Geschichtsbewußtsein empirisch, Centaurus-Verlagsgesellschaft 1991, S. 2.

第4章　横断的・縦断的な接続を図る生活科の再構築
－ノルトライン・ヴェストファーレン州事実教授レアプランを手がかりに－

1　本章の目的

　本章の目的は，2017年告示版生活科学習指導要領（以下，2017版と表記）とそれに準拠した指導計画と，ドイツのノルトライン・ヴェストファーレン州の事実教授レアプランの分析に基づいて，従来から提起されている日本の生活科の課題を克服した生活科を再構築するための方途を明らかにすることである。

　生活科においては創設当初から，低年齢期の学習特有の体験活動を重視する余り，①活動主義，②社会領域と自然領域という生活科内での統合の論理の欠如，③第3学年以降の社会科や理科といった教科との接続の論理の欠如，という課題が指摘されてきた。近年，生活科を中心として小学校第1学年で実施する「スタートカリキュラム」が文部科学省から提唱され，2015年には国立教育政策研究所において，教員向けに『スタートカリキュラム　スタートブック』が作成され，全国の小学校や幼稚園・保育所，教育委員会等に配布された。この動向は幼児期と児童期との接続の重要性が広く認識され，実践されるようになったことを意味するが，一方で，依然として，子どもの学習の体系的構築という観点から，生活科とその後続教科である社会科・理科との接続に対して関心が向けられるには至っていないという現状にある。また，今日まで多くの実践事例が蓄積されてきたが，これらの実践事例の多くは「地域と生活」，「動植物の飼育・栽培」，「季節とのふれあい」等のテーマから読み取れるように，子どもと生活界との関連を重視し，後続する教科の知識体系との関連については十分な考慮をしないため，統合教科から社会科・理科に分化する際の認識体系の構築が図られることもなかった。

　2017年版でようやく，教科としての生活科を社会科や理科などの中学年の各教科等へ円滑に接続することが明示された。しかし，2017年版では理念レベルにおいて，学習内容的な側面と学習方法的な側面の両面から生活科と社会科・理科等が密接に関連していることの理解の必要性は指摘されてはいるものの，それを実践にどのように反映させていくのかという具体的なレベルに関しては明記がなされていない。単に，「殊更知識や理解の系統性に気を取られることがあってはならない。一見同

じように見える活動でも，学習のねらいはそれぞれに異なっている」[1]と生活科と，社会や理科との「違い」を理解して指導するという記述に留まっている。2017年版でも，未だ従来の生活科の3つの課題を克服するのは困難であり，中等教育段階への展望を見出すことができないままなのである。活動主義を生活科の中心原理として維持することはよいとしても，教科内での横断的，中学年との縦断的な接続を可視化した生活科へと再構築することが喫緊の要請なのである。

　この要請に応えるために着目したのがドイツのノルトライン・ヴェストファーレン州（以下，ＮＲＷ州と略す）の事実教授レアプランである。日本の生活科に相当するドイツの事実教授は第1～4学年までの初等段階を通して学ばれ，自然科学・技術・社会科学・文化科学等を包摂する統合教科である。事実教授の歴史領域と自然領域では，カリキュラムレベルで子どもの生活界と後続する教科の認識体系を関連づけた学習を構想し，この関連の枠組みのもとで育成する資質・能力を歴史及び自然科学コンピテンシーとして明示し，その育成を保証するためのカリキュラムと評価体系を組織している。つまり，事実教授では，発達段階に即応した活動や体験的学びを最大限尊重する一方，後続する歴史科や理科での学習における認識の基盤を育成するコンピテンシーを設定することで，日本にみられる課題の克服が実現されている。本章では，ＮＲＷ州の事実教授レアプランを分析し，歴史領域と自然領域の構成と領域固有のコンピテンシーの育成を検討し，両領域が事実教授という統合教科としてどのように統合され，中等段階へと接続しているのかを考察する。それをもとに生活科を再構築するための方途を明らかにしていく。なお，本章においては生活科と総合的な学習の時間との接続は対象とせず，教科の接続に限り検討する。

　そこで，第2節では，2017年版，それに準拠した指導計画の分析を通して，新学習指導要領の理念や実際が，これまでの生活科の課題の克服に至っているのかどうかを検討する。第3節では，ドイツのＮＲＷ州の事実教授レアプランを取り上げ，事実教授において歴史領域と自然領域がどのような構成となっており，両領域がどのように事実教授という統合教科において統合を実現し，日本でみられる課題をどのように克服しているのかを考察する。以上の考察を踏まえ，第4節では，従来の生活科の課題を克服した生活科を再構築するための方途を提示する。

2　2017 年版生活科学習指導要領と指導計画の検討

　本節では 2017 年版における，生活科の 3 つの柱としての「育成を目指す資質・能力」，中学年の社会科や理科などの各教科等への円滑な接続を図るための指針，さらに，2017 年版に準拠した指導計画の分析を通して，2017 年版が，①活動主義，②社会領域と自然領域という生活科内での統合の論理の欠如，③第 3 学年以降の社会や理科といった教科との接続の論理の欠如という，従来の生活科の課題を克服しているのかどうかを検討する。

(1) 2017 年版の検討

　2017 年版における生活科の改訂においては，「幼児期の教育とのつながりや小学校低学年における各教科等における学習との関係性，中学年以降の学習とのつながりも踏まえ，具体的な活動や体験を通して育成する資質・能力（特に「思考力，判断力，表現力等」）が具体的になるよう」[2] に見直しが行われた。そこでは，まず，教科目標，学年目標，内容が「育成を目指す資質・能力」の 3 つの柱，すなわち「知識及び技能の基礎」「思考力，判断力，表現力等の基礎」「学びに向かう力，人間性等」で構造化して示されたことが大きな特色であるといえる。また，学習内容も〔学校，家庭及び地域の生活に関する内容〕〔身近な人々，社会及び自然と関わる活動に関する内容〕〔自分自身の生活や成長に関する内容〕の 3 つに整理された [3]。さらに生活科を基盤として，各教科等との関連を積極的に図り，中学年以降の教育に円滑に移行することなどが明示された。

①生活科において「育成を目指す資質・能力」の検討
　次ページに示した表 4-1 は，2017 年版における生活科の内容の全体構成（以下，全体構成表と表記）である。本表をもとに「育成を目指す資質・能力」を分析枠組みとして，2017 年版が従来の生活科の課題をどのように克服しようとしているのかを考察する。

表 4-1　生活科の内容の全体構成

階層	内容	学習対象・学習活動等	思考力，判断力，表現力等の基礎	知識及び技能の基礎	学びに向かう力，人間性等
学校，家庭及び地域の生活に関する内容	(1)	学校生活に関わる活動を行う	学校の施設の様子や学校生活を支えている人々や友達，通学路の様子やその安全を守っている人々などについて考える	学校での生活は様々な人や施設と関わっていることが分かる	楽しく安心して遊びや生活をしたり，安全な登下校をしたりしようとする
	(2)	家庭生活に関わる活動を行う	家庭における家族のことや自分でできることなどについて考える	家庭での生活は互いに支え合っていることが分かる	自分の役割を積極的に果たしたり，規則正しく健康に気を付けて生活したりしようとする
	(3)	地域に関わる活動を行う	地域の場所やそこで生活したり働いたりしている人々について考える	自分たちの生活は様々な人や場所と関わっていることが分かる	それらに親しみや愛着をもち，適切に接したり安全に生活したりしようとする
身近な人々，社会及び自然と関わる活動に関する内容	(4)	公共物や公共施設を利用する活動を行う	それらのよさを感じたり働きを捉えたりする	身の回りにはみんなで使うものがあることやそれらを支えている人々がいることなどが分かる	それらを大切にし，安全に気を付けて正しく利用しようとする
	(5)	身近な自然を観察したり，季節や地域の行事に関わったりするなどの活動を行う	それらの違いや特徴を見付ける	自然の様子や四季の変化，季節によって生活の様子が変わることに気付く	それらを取り入れ自分の生活を楽しくしようとする

	⑹	身近な自然を利用したり，身近にある物を使ったりするなどして遊ぶ活動を行う	遊びや遊びに使う物を工夫してつくる	その面白さや自然の不思議さに気付く	みんなと楽しみながら遊びを創り出そうとする
	⑺	動物を飼ったり植物を育てたりする活動を行う	それらの育つ場所，変化や成長の様子に関心をもって働きかける	それらは生命をもっていることや成長していることに気付く	生き物への親しみをもち，大切にしようとする
	⑻	自分たちの生活や地域の出来事を身近な人々と伝え合う活動を行う	相手のことを想像したり伝えたいことや伝え方を選んだりする	身近な人々と関わることのよさや楽しさが分かる	進んで触れ合い交流しようとする
自分自身の生活や成長に関する内容	⑼	自分自身の生活や成長を振り返る活動を行う	自分のことや支えてくれた人々について考える	自分が大きくなったこと，自分でできるようになったこと，役割が増えたことなどが分かる	これまでの生活や成長を支えてくれた人々に感謝の気持ちをもち，これからの成長への願いをもって，意欲的に生活しようとする

（文部科学省『小学校学習指導要領（平成29年告示）解説　生活編』2018年，p.28より酒井作成）

ア　知識及び技能の基礎

　生活科の教科目標にある「知識及び技能の基礎」は，「活動や体験の過程において，自分自身，身近な人々，社会及び自然の特徴やよさ，それらの関わり等に気付くとともに，生活上必要な習慣や技能を身に付けるようにする」[4]という文言で示されている。全体構成表に示している通り，生活科は，9つの内容からなり，

各内容は，中学年の理科と社会に接続する内容になっている。記述内容をみると，内容(1)～(4)・(8)は社会科，内容(5)～(7)は理科に主には接続すると考えられるが，各教科別というよりも，理科と社会科両教科に接続可能な認識の基礎を統合させてこれらの内容に取り組むことでより充実するようになっており，生活科内での統合の欠如，第3学年以降の教科との未接続という従前から指摘されてきた課題に応えようとしているようにはみえる。しかし，6つの「分かる」という表記，3つの「気付く」という表記からなる各内容の「知識及び技能の基礎」の記述に着目すると，課題も見て取れる。まず，「分かる」については，「身の回りにはみんなで使うものがあることやそれらを支えている人々がいること」，「身近な人々と関わることのよさや楽しさ」など，情緒的で心情的な「分かる」であり，客観的に評価することが不可能なこれらの「分かる」を「知識・技能の基礎」としてよいか疑問が残る。次に，「気付く」は，創設以来生活科で重要視されてきたが，気付きとは，「対象に対する一人一人の認識であり，児童の主体的な活動によって生まれるものである。そこには知的な側面だけでなく情意的な側面も含まれる」[5]とされ，「確かな認識へとつながるものであり，知識及び技能の基礎として大切なものである」[6]とされる。しかし，個人の気付き方やその深まりは多種多様であり，特に第2学年という発達段階に照らし合わせると，気付くという表現は幼児期の資質・能力に近いものである。実際，季節の変化やそれに伴う生活の変化，動植物が生命体であるという気付きは幼児期の資質・能力に近いとともに，「気付き」にとどまるため，情意に偏った資質・能力であり，「知識及び技能の基礎」といえるのか判断に迷うところである。そのため，全体構成表に示した知識及び技能の基礎はいずれも情意的側面が強く，客観的に評価することは難しく，資質・能力としては曖昧な表現にとどまっているといえる。

イ　思考力・判断力・表現力等の基礎

　生活科の教科目標にある「思考力・判断力・表現力等の基礎」は，「身近な人々，社会及び自然を自分との関わりで捉え，自分自身や自分の生活について考え，表現することができるようにする」[7]と示されている。社会や自然を自分との関わりで捉えるという自分なりの理解に基づいて，自分を取り巻く環境のもとでの自分の生活について表現することを目指しており，社会領域と自然領域の統合，第

3学年以降の教科との接続が考慮されていることが読み取れる。全体構成表の「思考力・判断力・表現力等の基礎」の記述に着目すると、「考える」が4つ、他は「感じたり、捉えたりする」「見付ける」「つくる」「働きかける」「想像したり、選んだりする」となっている。「考える」は、「児童が自分自身や自分の生活について、見付ける、比べる、たとえるなどの学習活動により、分析的に考えることである。また、試す、見通す、工夫するなどの学習活動により、創造的に考えることである」[8]と定義される。2017年版では、「考える」を具体化した学習活動として、「見付ける、比べる、例える、試す、見通す、工夫する」が例示され、分析的、創造的な思考を求めている。考える以外の表記でも、例えば、「遊びや遊びに使う物を工夫してつくる」、「動物や植物の育つ場所、変化や成長の様子に関心をもって働きかける」などは同様に、分析的、創造的な思考を求めるものと考えられる。しかし、「考える」の具体的内容をみると、「家庭における家族のことや自分でできること」、「自分のことや支えてくれた人々について」など、考える対象は自分や支えてくれる人々が中心であり、「知識及び技能の基礎」と同様に、情緒的・心情的な情意的側面からの考えにとどまっているという感が否めない。

　以上から、これらの「考える」ことを具現化した学習活動は、「考える」が「知識や経験などに基づいて、筋道を立てて頭を働かせる」という学習活動を具体的にイメージできて実践化しやすいとはいえるものの、社会領域と自然領域の統合や第3学年以降の教科への接続を導くための知識や技能に基づいた思考力・判断力・表現力の育成が明示されているとは言い難い。

ウ　学びに向かう力、人間性等
　生活科の教科目標にある「学びに向かう力、人間性等」は「身近な人々、社会及び自然に自ら働きかけ、意欲や自信をもって学んだり生活を豊かにしたりしようとする態度を養う」[9]とされる。全体構成表をみると、表記は、「しようとする」が8つ、「創り出そうとする」が1つである。この資質・能力は、「思いや願いの実現に向けて、身近な人々、社会及び自然に自ら働きかけ、意欲や自信をもって学んだり生活を豊かにしたりしようとすることを繰り返し、それが安定的に行われるような態度を養うこと」[10]が目指される。「安全な登下校をする」、「規則正しく健康に気を付けて生活する」、「感謝の気持ちをもち、・・・意欲的に生活する」

など，まさに情緒的・心情的で，規範的な態度形成に関わり，従来の＜生活への関心・意欲・態度＞に相当するものである。態度形成的な活動では，活動があっても社会領域と自然領域の結合，第3学年以降の教科との接続が考慮されているとはいえないし，従前同様に客観的に評価することも難しいであろう。

　以上，2017年版の「育成を目指す資質・能力」を検討した。そこでは「分かる」，「考える」といった活動や体験を通して，育成する資質・能力を具体的に明示しようとする意図は窺えるものの，生活科内での統合や第3学年以降の教科との接続が可能となるような記述はなされておらず，実質的には従来の生活科の課題は未だ克服できていないと判断される。そのため，活動を経て育成される資質・能力の到達度を評価することは依然として困難である。また，低学年の発達段階と照らし合わせると幼児期に近い初歩的な資質・能力に偏っている点も否めない。それゆえ今後も，生活科は活動主義で，中等教育段階への展望を描くことが難しいという状況が継続することが危惧される。

②中学年の社会科や理科などの各教科等への円滑な接続を図るための指針の検討
　前述のように，2017年版での生活科の改訂においては，中学年以降の教育に円滑に移行することが明記された。ここでは，この円滑な接続に関する「第5章第2節　生活科における年間指導計画の作成」の「4　幼児期の教育や中学年以降の学習との関わりを見通すこと」を手がかりに，2017年版が，第3学年以降の社会科や理科といった教科との未接続という課題にどのように対応しようとしているのかを検討する。「4幼児期の教育や中学年以降の学習との関わりを見通すこと」を示したのが次頁の表4-2である。

　2017年版では，「生活科の学習内容や方法が，第3学年以上の教科等にも密接に関連していることを理解する必要がある。生活科における，自分との関わりで身近な人々や社会，自然の事物や現象に直接触れ親しみや興味をもつ学習は，社会科や理科の学習内容に関連している」と中学年の各教科との接続が明記される。そのうえで，まず，生活科と社会科との関連の例示として，町探検などの学習活動をあげ，「身の回りにはみんなのものや場所があると気付いたりすることは，社会科の社会的事象の見方・考え方の基礎につながっていく」と述べる。さらに，

表 4-2　「幼児期の教育や中学年以降の学習との関わりを見通すこと」

> （前略）
> 　また，生活科の学習内容や方法が，第 3 学年以上の教科等にも密接に関連<u>していることを理解する必要がある。生活科における，自分との関わりで身近な人々や社会，自然の事物や現象に直接触れ親しみや興味をもつ学習は，社会科や理科の学習内容に関連している。</u>例えば，身近な地域の様子を絵地図に表したり，公共施設を利用し，学んだことを関連付けて，身の回りにはみんなのものや場所があると気付いたりすることは，社会科の社会的事象の見方・考え方の基礎につながっていく。空気やゴムなどを使って遊び，楽しみながらも客観的な観察をして，決まりや一定の変化があると気付くことは，理科の物の性質や働きについての見方・考え方の基礎につながっていく。さらに，それらを一体的に学ぶことや自分自身や自分の生活について考えること，具体的な活動や体験を通して考え，問題を解決しながら自らの思いや願いを実現していく学習は，総合的な学習の時間にも連続し，発展していく。生活科で育む身近な生活に関わる見方・考え方は，社会科における社会的事象の見方・考え方，理科における理科の見方・考え方，総合的な学習の時間における探究的な見方・考え方等に発展していくのである。このように，生活科は，学習の内容的な側面と方法的な側面で，第 3 学年以上の教科等に深く関連していると言える。
> 　<u>しかし，このような関連を踏まえつつも，殊更知識や理解の系統性に気を取られることがあってはならない。一見同じように見える活動でも，学習のねらいはそれぞれに異なっている。</u>例えば，生活科で取り扱われる内容(3)の働いている人々との関わりでは，一人一人の認識としての気付きを重視し，自分との関わりの中で親しみをもって接することが大切であり，働く人を客観的に捉え社会的役割を共通に理解させることをねらいとするものではない。また，内容(6)の遊びに使う物を工夫してつくる活動でも，児童の思いや願いを大切にした多様な活動を行う中で，その面白さや不思議さに気付くことが重視され，限定された特定の素材の働きや性質などを学ぶこととは異なる。
> 　このように，社会科や理科，総合的な学習の時間等との違いや関連を理解しつつ，生活科のねらいを実現させていくことが大切である。

（文部科学省『小学校学習指導要領（平成 29 年告示）解説　生活編』2018 年，p. 83 より酒井作成。下線部は酒井による。）

　生活科と理科との関連の例示として，空気やゴムなどを使った遊びなどの学習活動をあげ，「楽しみながらも客観的な観察をして，決まりや一定の変化があると気付くことは，理科の物の性質や働きについての見方・考え方の基礎につながっていく」と述べている。これらの記述から，生活科において社会的な見方・考え方や理科的な見方・考え方の基礎を育成するという意図が明示されている。

　「見方・考え方」とは，どのような視点で物事を捉え，どのような考え方で思考していくのかという，各教科等ならではの物事を捉える視点や考え方であり，

2017 年版では，各教科等を学ぶ本質的な意義の中核として取り入れられている。生活科の「見方・考え方」が，第 3 学年以降の社会科における「社会的事象の見方・考え方」，理科における「科学的な見方・考え方」にどのようにつながっていくのかという見通しをもって指導を進めていくことの重要性が示され，2017 年版が従来の生活科の課題の克服を図っていることが読み取れる。

　生活科と社会科，理科との接続の見通しを明らかにするためには，各教科の「見方・考え方」を検討することが不可欠である。そこで，次頁の表 4-3 で 2017 年版における各教科の「見方・考え方」の定義を示している。

　生活科ではその見方・考え方は「身近な生活に関わる見方・考え方であり，それは身近な人々，社会及び自然を自分との関わりで捉え，よりよい生活に向けて思いや願いを実現しようとすることであると考えられる」と定義される。社会科と理科の「見方・考え方」をみると，問題解決学習が想定されており，見方・考え方はその解決のための視点や方法とされていることが分かる。

　生活科と社会科や理科との接続は，生活科の定義の「社会及び自然などの対象と自分がどのように関わっているのか」，「自分の生活において思いや願いを実現していくという学習過程」といった文言に見て取れる。前述した生活科の思考を具体化した「見付ける，比べる，例える，試す，見通す，工夫する」といった学習活動は，社会科，理科における問題解決学習につながり，接続のための学習活動の例示と捉えることができる。「見方・考え方」をみても，生活科と社会科や理科との接続が想定されていることは明らかであり，接続に向けて踏み込んだ記述になっているといえる。しかし，生活科で定義された見方・考え方と，社会科の「位置や空間的な広がり，時期や時間の経過，事象や人々の相互関係に着目して（視点），社会的事象を捉え，比較・分類したり総合したり，地域の人々や国民の生活と関連付けたりする（方法）」，理科の「問題解決の活動によって児童が身に付ける方法や手続きと，その方法や手続きによって得られた結果及び概念を包含する」という見方・考え方の間には知的側面において大きな隔たりがある。そのため，生活科と社会科や理科がどのようにつながり，また，発展していくのかの具体がみえてこない。

表 4-3　学習指導要領における生活科，社会科，理科の「見方・考え方」の定義

・生活科…生活科における見方・考え方は，身近な生活に関わる見方・考え方であり，それは身近な人々，社会及び自然を自分との関わりで捉え，よりよい生活に向けて思いや願いを実現しようとすることであると考えられる。身近な生活に関わる見方は，身近な生活を捉える視点であり，身近な生活における人々，社会及び自然などの対象と自分がどのように関わっているのかという視点である。また，身近な生活に関わる考え方は，自分の生活において思いや願いを実現していくという学習過程にあり，自分自身や自分の生活について考えていくことである。具体的な活動を行う中で，身近な生活を自分との関わりで捉え，よりよい生活に向けて思いや願いを実現しようとするようになり，そこでは，「思考」や「表現」が一体的に繰り返し行われ，自立し生活を豊かにしていくための資質・能力が育成されることを示している。

・社会科…小学校社会科における見方・考え方を「社会的事象の見方・考え方」とし，社会的事象の特色や意味などを考えたり，社会に見られる課題を把握して，その解決に向けて社会への関わり方を選択・判断したりする際の「視点や方法（考え方）」であり，「位置や空間的な広がり，時期や時間の経過，事象や人々の相互関係に着目して社会的事象を捉え，比較・分類したり総合したり，地域の人々や国民の生活と関連付けたりすること」と整理する。

・理　科…理科においては，従来，（略）「見方や考え方」とは，「問題解決の活動によって児童が身に付ける方法や手続きと，その方法や手続きによって得られた結果及び概念を包含する」という表現で示されてきたところである。（略）問題解決の過程において，自然の事物・現象をどのような視点で捉えるかという「見方」については，（略）それぞれの領域における特徴的な視点として整理することができる。問題解決の過程において，どのような考え方で思考していくかという「考え方」については，（略）児童が問題解決の過程の中で用いる，比較，関係付け，条件制御，多面的に考えることなどといった考え方を「考え方」として整理することができる。

（文部科学省『小学校学習指導要領（平成 29 年告示）解説　生活編』2018年, pp. 10-11, 同『理科編』p. 13, 同『社会編』p. 18 より酒井作成）

さらに，接続が考慮される一方で，表 4-2 に示したように，2017 年版では生活科と社会科・理科との「このような関連を踏まえつつも，殊更知識や理解の系統性に気を取られることがあってはならない。一見同じように見える活動でも，学習のねらいはそれぞれに異なっている」という相違を明確にすることも図られる。そして，生活科と社会科に関連のある「働いている人々との関わり」の学習内容を取り上げ，生活科は「一人一人の認識としての気付きを重視し，自分との関わ

りの中で親しみをもって接することが大切であり，働く人を客観的に捉え社会的役割を共通に理解させることをねらいとするものではない」と生活科と社会科のねらいの違いを示し，社会科の学習内容の前倒しにならないように警告する。これは理科も同じで，遊びに使う物を工夫して作る学習活動を例示し，「限定された特定の素材の働きや性質などを学ぶこととは異なる」と理科的な内容に踏み込まないようにと留意している。しかし，知的側面からも社会科や理科との接続を可能にするには，生活科固有の認識の基礎を明らかにすることが不可避である。それを学習内容の前倒しと混同してしまうと統合教科である生活科を後続の社会科・理科に円滑に接続することは難しいであろう。

　以上の検討から，2017年版は従来の生活科の3つの課題の克服に関する文言が多く示されてはいるものの，具体のレベルでは情意的側面を重視した活動が中心を占めるとともに，学習内容の前倒しの回避という意図から知的側面からの接続を不可能にしているため，生活科内では社会領域と自然領域の統合や生活科と後続教科との接続が明確にされておらず，生活科の課題を克服するには至っていないと判断される。

(2) 2017年告示版学習指導要領に準拠した指導計画の検討

　本項では2017年版に準拠した指導計画を分析し，指導計画が生活科の課題を克服しているのかどうかを検討する。なお，本項で取り上げる単元計画は，新学習指導要領の実践化への解説本として明治図書出版から出版された『平成29年版小学校学習指導要領の展開　生活編』に掲載されている第2学年後半の実践例から引用したものである[11]。

　①指導計画の概要
　　〇単元名：第2学年「やさいよ　大きくなあれⅡ～やさいランドをつくろう～」
　　〇目標：野菜を世話したり，観察したりする活動を通して，関心をもって野菜に働きかけることができ，生命をもっていることや成長していること，栽培を続けた自分自身の成長に気付くとともに，野菜への親しみをもち，大切にすることができるようにする。
　　〇単元の概要：本実践は，掲示物を使った気付きの可視化と関連付け，友達と

「やさいランド」の様子について伝え合い，交流し，他者評価を受け取り，それを踏まえて自己評価をすることで，野菜と自分の関わり方の変化に気付き，自分自身への気付きを育むことができるようにしたものである。「やさいランド」とは学級菜園のことであり，12 種類の野菜の中から児童が育てたい野菜を選び，同じ野菜を育てる友達とエリアを作って協働的に野菜の栽培が行えるようにしている。

○単元の評価規準

＜身近な環境や自分についての気付き（知識及び技能の基礎）＞

　野菜は生命をもっていることや成長していること，野菜と自分との関わり方，上手に世話ができるようになった自分に気付いている。

＜活動や体験についての思考・表現（思考力，判断力，表現力等の基礎）＞

　野菜の栽培について，自分なりに考えたり，工夫したり，振り返ったりして，栽培したことやその変化や成長の様子などを表現している。

＜生活への関心・意欲・態度（学びに向かう力，人間性等）＞

　野菜やそれらの育つ場所，変化や成長の様子に関心をもち，親しみをもって継続して育てたり，大切にしたりしようとしている。

○指導計画…次頁の表 4-4

②指導計画の分析

　本指導計画は，前次の学習指導要領から引き続き重視されている植物の栽培単元である。本実践は 2 年間にわたって継続して取り組まれており，学級菜園「やさいランド」において，土を掘り起こすところから，苗付け，種まき，世話，収穫まで児童たちの手で，繰り返し，試行錯誤しながら行われている。また，12 種類の野菜から育てたい野菜を自ら選んだ上で，友達と協働的に問題解決を図りながら野菜の栽培を行う。さらに夏野菜の栽培と冬野菜の栽培を比較して「さいばいカレンダー」という掲示物で思ったことや分かったことを表現するという構成である。生活科らしい「気付き」を中心とした学習活動を通して，思考力・判断力・表現力を育成するという，まさに 2017 年版を十分に反映した実践といえる。

表4-4　指導の評価の計画

小単元名 (時数)・ ねらい	主な活動 (時数)	評価規準から想定した具体的な子どもの姿	
			評価方法
〜〜〜〜〜〜〜〜〜〜　途中略〜〜〜〜〜〜〜〜〜〜〜〜〜〜			
3　やさいを しゅうかく しよう　(4) ◎自分で育てた野菜の成長や収穫に喜びを感じ、その思いやこれまでの栽培の様子などを自分なりの方法で表したり、伝えたりするようにする。	○熟している野菜を見分け、収穫する。(1) ○これまで自分が野菜にどのように関わってきたのか振り返りながら、自分なりの表現方法でまとめる。(3)	【関】 【思】 【気】	・自分の育てた野菜の様子に関心をもち、観察したり、記録したりしようとしている。　行・ノ ・自分が育ててきた野菜の収穫を楽しみにしている。　行・発 ・1学期の栽培活動を振り返り、自分なりの表現方法でまとめている。　作 ・野菜にも自分と同じ生命があり、成長しながら生きていることに気付いている。　発・作・ノ ・最初の頃に比べ、野菜の世話が上手にできるようになった自分に気付いている。　発・作・ノ
4　ふゆやさいをそだてよう　(10) + 常時活動 ◎冬野菜を栽培することを通して、夏野菜の栽培活動と比べながら、野菜の成長や収穫の喜びを感じるとともに、自分	○自分で育てたい野菜を決め、育て方を調べたり、野菜の種を蒔いたりする。(2) ○野菜の状態に合わせた栽培の仕方を話し合ったり、世話をしたり、活	【関】 【思】	・自分の思いや願いにそって育てたい野菜を決めようとしている。　行・発 ・自分が育てている野菜に関心をもち継続して栽培したり、世話したりしている。　発・ノ・つ ・野菜の世話で心配なことを園芸店の人に質問しようとしている。　行・ノ ・育てたい野菜の栽培方法を考えたり図鑑で調べたりしている。　発・ノ ・これまでの栽培活動を振り返り、写

86

			真などを使って表している。 〔作〕
のよさや可能性に気付くことで，意欲や自信をもって生活できるようにする。	動を振り返ったりする。(7) ○収穫時を見分け，収穫する。(1)	【気】	・「野菜ランド」での自分の活動や野菜の様子について自分なりの方法で表している。 〔発〕・〔ノ〕 ・これまでの野菜と自分との関わりを振り返り，それを友達と伝え合っている。 〔発〕・〔ノ〕 ・育てている野菜に合った栽培の仕方があることが分かる。 〔発〕・〔作〕・〔つ〕 ・野菜を上手に育てることができた自分自身の成長に気付いている。 〔発〕・〔作〕・〔つ〕

【〔行〕行動，〔発〕発言，〔作〕作品，〔ノ〕ノート，〔つ〕つぶやきによる評価】

（田村学編著『平成29年版 小学校新学習指導要領の展開 生活編』明治図書，
　2017年，pp.156-161より酒井作成）

　本実践の評価規準を示したのが，次頁の表4-5である。3つの観点での評価規準をみると，本指導計画は従来の生活科の課題を克服できていないと判断される。まず，活動主義という課題からみていく。本指導計画は，夏野菜の栽培経験をもとに冬野菜を育てるという体験活動が主体となっている。「3 やさいをしゅうかくしよう」では，野菜の様子を観察・記録したり，収穫を楽しみにしたりする関心・意欲・態度，野菜が生命体であること，野菜の世話がうまくなるという自分の成長に気づくという知識及び技能，栽培活動をまとめるという思考力・判断力・表現力が評価される。「4 ふゆやさいをそだてよう」では，育てる野菜を選択したり，野菜を関心をもって育てたり，園芸店の人に質問したりする関心・意欲・態度，野菜に合った栽培の仕方や野菜を育てる自分の成長を知るという知識及び技能，野菜の栽培方法を考え，調査したり，栽培活動を表現したり，自身の活動や野菜の様子を表現するという思考力・判断力・表現力が評価される。

表 4-5 「やさいよ　おおきくなあれⅡ　～やさいランドをつくろう～」の評価規準表

観　　点	小単元名	
	3　やさいをしゅうかくしよう	4　ふゆやさいをそだてよう
主体的に学習に取り組む態度	・自分の育てた野菜の様子に関心をもち，観察したり，記録したりしようとしている ・自分が育ててきた野菜の収穫を楽しみにしている。	・自分の思いや願いにそって育てたい野菜を決めようとしている。 ・自分が育てている野菜に関心をもち，継続して栽培したり，世話したりしている。 ・野菜の世話で心配なことを園芸店の人に質問しようとしている。
知識・技能	・野菜にも自分と同じ生命があり，成長しながら生きていることに気付いている。 ・最初の頃に比べ，野菜の世話が上手にできるようになった自分に気付いている。	・育てている野菜に合った栽培の仕方があることが分かる。 ・野菜を上手に育てることができた自分自身の成長に気付いている。
思考，判断，表現	・1学期の栽培活動を振り返り，自分なりの表現方法でまとめている。	・育てたい野菜の栽培方法を考えたり，図鑑で調べたりしている。 ・これまでの栽培活動を振り返り，写真などを使って表している。 ・「野菜ランド」での自分の活動や野菜の様子について自分なりの方法で表している。

（表 4-4 を基に，宇都宮作成）

　これらの評価規準は，教師が子どもの様子を観察して，自身の感覚で主観的に評価するしかない規準，したかしないかという二者択一で評価するのみの規準，自分なりの方法で考えたり，表現したりしているかどうかを判断する曖昧な規準のいずれかとなっている。関心や意欲を持って活動することで，どのような知識や技能を習得し，それを基にどのような思考力・判断力・表現力を育成しようとしているのかを評価規準から窺い知ることができない。そのため，子どもの活動の様相を評価するにとどまり，教師が生活科で育成を目指す資質・能力がみえてこない。表 4-5 の評価規準表では活動を中心に記述がなされているが，そもそもこの表に示された 3 つの評価の観点は学年を超えて育成を図る資質・能力の枠である。とするならば，少なくとも評価規準の上では学習方法としての活動は脇役

であり，活動を通してどのような資質・能力を育成しようとしているのかの方が重要であり主役である。その資質・能力の学年を超えた展望図が描けない限り，活動主義という課題はなかなか克服できないであろう。

　次に，社会領域と自然領域という生活科内での統合の論理の欠如である。本指導計画は理科的な学習内容が多くを占めており，両領域の統合はほとんど想定されていない。唯一，「野菜の世話で心配なことを園芸店の人に質問しようとしている」という評価規準に働く人の視点が考慮されており，社会領域に関連する可能性を見出すことができる。そこで，自然領域と社会領域と統合する視点から「野菜の世話で心配なことを園芸店の人に質問して問題を解決する」「野菜の育て方とともに園芸店の仕事のやりがいや苦労を質問することができる」などの評価規準も設定できるが，それにはふれていない。生活科内での両領域の統合という課題も克服されないままである。

　最後に，第3学年以降の社会や理科といった教科との接続の論理の欠如という課題である。本指導計画は，いうまでもなく，第3学年以降の理科で扱う「植物の育ち方」の単元や社会科で扱う「地域の人々の生産や販売に見られる仕事の特色」といった学習内容と関連づけることは可能であろう。円滑に接続するためには，とりわけ，知識・技能，思考，判断，表現という観点において，生活科で育成すべき基礎的な資質・能力を明確にし，育成を保証することが不可欠である。しかし，評価規準をみても，接続を可能にするための基礎的な資質・能力が明確にされておらず，円滑に接続する手立てが採られていないことは明らかである。

　これら3つの課題からの本指導計画の考察から，本指導計画においても2017年版と同様に，従来の生活科の課題は未解決のままとなっているといえよう。

　以上，本節では2017年版やそれに準拠した指導計画を分析し，理念上では育成を目指す資質・能力を明確にし，その到達度を評価する評価規準を形成することで，従来の生活科の課題の克服を図ることが意図されてはいるものの，具体を検討すると，資質・能力も評価規準も情意的側面に偏った曖昧なものであるため，課題の克服からは程遠い状況で，新たな方策を採る必要性があることが判明した。

3　ＮＲＷ州事実教授レアプランの分析

　本節では，ドイツＮＲＷ州の事実教授レアプランを取り上げ[12]，本レアプラン

では事実教授内において歴史領域と理科領域がどのような構成となっており，両領域がどのように事実教授という統合教科において横断的に接続し，中等段階への縦断的な接続が実現されているのかを考察する。

(1) NRW州事実教授レアプランにおける歴史領域の構成

　本レアプランでは，事実教授全体を通した目標は，「生徒が自らの生活世界のことがおおよそわかり，解明し，理解し，責任を意識して形づくるために必要となるコンピテンシーを発展する」[13]ことである。この目標を歴史というパースペクティブから実現を図るのが，「時間と文化」という歴史領域である。歴史領域「時間と文化」の構成を示したのが，表4-6である。本表は，横軸に領域，領域の内容，重点，第2学年修了時の期待されるコンピテンシー，第4学年修了時の期待されるコンピテンシーという項目を設定し，縦軸で各項目の内容を示すことで，本領域で想定される学習内容や学習方法，育成が期待されるコンピテンシーの具体化を意図している。

表 4-6　歴史領域「時間と文化」の構成

領域	領域の内容	重　点	第2学年修了時の期待されるコンピテンシー	第4学年修了時の期待されるコンピテンシー
時間と文化	①子ども達は異なる日常の状況に見当をつけるために，時間に関連した方向づけのための支援を必要とする。子ども達は時間，時間空間，時間区分を事実に即して扱う。独自のビオグラフィー的，エピソード的な時間経験は発展途上にある時間理解	時間区分と時間空間	・異なる時間区分と時間計測を事実に即して応用することができる。(例えば，時計，時間割，日記，季節，カレンダー) ・自身の生活史に関する重要な出来事と日付を確認し，それを時間順に記述する。 ・祝祭や式典を描写し，それを年周期や季節で分類する。	・自身の町の歴史に関する時代順に分類された概観を作成する。(例えば，市町村，市区) ・共同で祝祭や季節に即した祭りを形成する。

の基盤である。 ②子ども達は,生活条件や慣習,伝統,社会的ルールを伴う自身の文化的社会的現実を経験し,それに見当をつけなくてはならない。その際,時代証言や文化財は技術的,芸術的,文化的発展や変動性と継続性についての情報を与える。 ③最終的に自身の生活世界は,多様な方法で,異なる倫理や文化からの人間や集団,以前の時代とも関連する。他の時代や文化の再検討や比較は,他者やその文化的宗教的伝統,その文化財に対する尊重や他の生活様式に対する理解を発展することに寄与する。 ④この重点では,現代史的・歴史的情報源として,コミュニケーションの手段としてメディアが特別な役割を果たす。	昔と今		・他の時代空間の人間の生活条件や生活習慣を事例で描写し,それを相互に比較し,今日の生活条件との共通性や相違性を説明し,根拠づける。(例えば,石器時代,中世)
	自己と他者	・他の文化に属する人間の風習や慣習を描写し,自身のそれと比較する。(例えば,異なる文化における家族)	・学校における契約的な共同生活や共同作業のためのルールや条件を身に付け,根拠づける。
	多くの文化-1つの世界	・人間の共通性と相違性を描写し,その生活状況を比較する。	・他の文化の人間の生活習慣を遊びの場面や絵画やテキストで描写する。(例えば,しきたり,衣服,習慣,食文化,遊び) ・自身の環境における祝祭日に関する概観を作成し,祝日の起源と意義を描写する。 ・遭遇の場に関する概要を作成する。(例えば,宗教的文化的遭遇の場,記憶の場)
	情報手段としてのメディア	・報告やその作成の際に,存在するメディアに関する認識を活用する。(例えば,参考図書,PC)	・メディアで調査し(例えば,インターネット,図書館),発表のための情報を活用する。
	メディア活用	・存在するメディアのもとで自身の歴史を書き,形成する。(例えば,参考図書,PC) ・PCにおいてテキストの処理プログ	・古いメディアや新しいメディアを相互に比較し,その成果を記録する。(例えば,作成,摂取,効果) ・娯楽的なメディアや情報メディアの批判

その際, メディアにおける歴史的, 現代史的, 社会的, 文化的状況の描写は, それが歴史的文化的観点を事実に即して表現しているのかどうかについても問われなくてはならない。		ラム, 学習プログラム, 訓練プログラムで作業する。	的提供を調査し, それらを意義深く扱うためのルールを根拠づける。

（ＮＲＷ州小学校指導要綱とレアプラン S.42-43, 49-50 より宇都宮作成）

　領域の内容①は, 主に重点「時間区分と時間空間」,「昔と今」に関わる内容である。「時間区分と時間空間」では, 時計やカレンダーといった多様な時間を区分する指標を活用して過去・現在・未来という時間軸を形成し, 自身の生活史をその時間軸に位置づける。「昔と今」においては, 他州では自身の生活史や家族史が扱われることは少なくないが, ＮＲＷ州では過去の社会と現在の社会を比較する例が示され, その比較により「時間区分と時間空間」で形成した時間軸を発展的に拡張する。

　領域の内容②は,「昔と今」,「自己と他者」,「多くの文化－１つの世界」を通して獲得すべき学習内容を意味する。子ども自身の文化的社会的現実の把握は, 他の時代の社会との比較（「昔と今」）, 他者の習慣や行動様式, 他文化との比較（「自己と他者」）, その比較を通した共通性と相違性の考察（「多くの文化－１つの世界」）の前提といえる。これらの重点を学習することで, 自身の生活世界に見当をつけるのである。

　領域の内容③は, ②での活動を踏まえた発展的な内容であるため, ②と同様に「昔と今」,「自己と他者」,「多くの文化－１つの世界」と密接に関連する。他の時代や現在の異なる社会との比較, その共通性や相違性の考察は, 自身や他者の生活世界に対する理解を深め, アイデンティティの形成や他者理解を可能にし, 多文化共生社会の構築の実現に必須の学習である。

　領域の内容④は,「情報手段としてのメディア」,「メディア活用」という重点の内容を示す。自身や他者の生活世界に対する理解を深めるためには, メディアに

おいて生活世界がどのように描写されているのかを把握することが必要となる（「情報手段としてのメディア」）。さらに，それらの描写を踏まえ，自身や他者の生活世界を自身の言葉で描写することで比較や考察が可能となる（「メディア活用」）。④はメディアを学習における史資料として活用するための資質・能力を意味している。

　領域の内容と重点を概観すると，領域の内容と重点が事実教授の目標から導かれていることは明白である。生徒が自身と他者の生活世界を比較し，その共通性や相違性を踏まえ，アイデンティティを形成しつつ，異なる文化を尊重し，多文化共生の可能性を見据えながら社会を形成していくためのコンピテンシーを初等段階という学年段階を考慮して育成することを意図しているのである。

　そして，育成が図られるコンピテンシーは，2学年段階ごとの期待されるコンピテンシーという形で明示される。重点「時間区分と時間空間」では，第2学年修了時には，時間は多様な尺度を使って多様に区分できることを時計，時間割，日記，季節，カレンダーを通して学習し，それらの尺度で形成される過去・現在・未来の時間軸に自身の生活史における重要な出来事や祝祭といった記念日を位置づけることが目指される。第4学年段階修了時には，自身の住む地域の歴史上の出来事を第2学年段階までに形成した時間軸を延長して位置づけたり，時間軸に位置づけた祝祭を共同で新たに構想したりすることが求められている。

　重点「昔と今」は，自身の生活史の範囲内での時間軸に限定された2学年段階での学習においては想定されておらず，第4学年修了時で自身の生活史から遡った過去の時間空間に位置づく人々の生活世界を描写し，自身の生活世界との比較から根拠を持って共通性と相違性が説明できるようになることが意図される。

　重点「自己と他者」では，自身を起点としながら，第2学年修了時には現在の異なる習慣・文化を有する人々の生活世界を描写し，自身のそれと比較し，第4学年修了時には学校を事例に生活世界が異なる他者との共生を可能にするルールや条件を，根拠を持って表現できることが求められる。

　重点「多くの文化－1つの世界」では，グローバルな視点から，第2学年修了時には世界における多様な文化や社会の下で生活する人々の共通性と相違性を描写し，第4学年修了時には人々の共通性と相違性を絵画やテキストで視覚的に描写したり，祝祭日の起源からアイデンティティ形成における祝祭日の意義を説明

したり，異なる他者との共生の可能性を表現したりすることが目指される。

重点「情報手段としてのメディア」では，第2学年修了時には他の重点において求められる描写や表現，説明のために活用するメディアのジャンルや特性を認識でき，第4学年修了時にはそれらのジャンルや特性を踏まえてメディアを活用し，自身の描写や表現や説明ができるようになることが要求される。

重点「メディア活用」では，第2学年修了時には自身の生活史をPCを含めたメディアを活用して表現でき，第4学年修了時にはアナログとデジタルのメディアの相違を比較し，メディアを批判的に読み解きながら，適切な活用方法を根拠を持ってルール化できることが図られる。

第2学年修了時と第4学年修了時に育成が図られるコンピテンシーを比較すると，各学年段階の傾向が読み取れる。第2学年修了時では，分類や比較，時間軸を用いた記述など比較的シンプルな知的操作を重視したコンピテンシー，第4学年修了時では，「事例描写，相互比較，共通性と相違の明示化と根拠の説明」などスキルを複合的に組み合わせるより複雑な知的操作を重視したコンピテンシーとなっている。第2学年修了時には異なる時間尺度に応じた時間軸を形成したり，自身の生活史に関わる出来事をその時間軸に位置づけたり，異なる時代や地域の文化や社会を具体的な事例で比較したり，その比較から人間の生活の時代や地域に応じた共通性や相違性を明らかにしたりするといった具体的な観察から導かれた事実を分類したり，比較したり，整理したりする学習が求められる。第4学年修了時になると，過去の文化を踏まえて新しい祝祭を構想したり，異なる社会や文化的背景を持つ子どもが集まる学校での共同生活を可能にするルールや条件を検討したり，異なる社会や文化を絵画やテキストで自分なりに表現したりといった観察を踏まえた自分なりの自身や他者の社会や文化の解釈を表現することが重視される。観察や解釈のために不可欠なメディアの扱いも，第2学年修了時にはメディアの特性を把握したり，メディアを活用して自分史を作成したりといった基本的なメディア活用にとどまっているが，第4学年修了時になると，多様なメディアを比較し，メディアを活用するルールを決定し，特性やルールに応じてメディアを活用して自身の考えを表現するといった発展的なメディア活用まで求めている。これらコンピテンシーは発達段階に即応した活動や体験的学びを通して，確かな認識や思考・判断・表現を育成するものである。さらに，第4学年修了時

には，第２学年修了時で育成されたコンピテンシーを累積的に発展させたコンピテンシーの育成が意図されていることが分かる。

(2) ＮＲＷ州事実教授レアプランにおける理科領域の構成

　ここでは，理科領域の構成を検討する。事実教授の目標を自然というパースペクティブから実現を図るのが，「自然と生活」という理科領域である。理科領域「自然と生活」の構成を示したのが，表 4-7 である。本表は表 4-6 と同様の構成を採っている。

表 4-7　理科領域「自然と生活」の構成

領域	領域の内容	重点	第 2 学年修了時の期待されるコンピテンシー	第 4 学年修了時の期待されるコンピテンシー
自然と生活	①有機的自然と無機的自然，物理的な現象との遭遇や自らの感覚的な経験の観察や自身の身体の発達がこの領域の中心を占める。 ②生徒は自然現象を経験し，確認し，観察し，調査し，解釈し，その際調査を自主的に計画し，観察を分類し，自身の認知について他者とコミュニケーションを取り，新しく獲得された認識を自身や他者に対して保証するための可能性や方法を経験する。	物質とその変化	・有機的自然と無機的自然からの資料の収集を構想し，それを分類基準に従って分類する。（例えば，葉，花，果実，石，貝） ・資料とその特性を比較，調査し（例えば，堅さ，におい，色，溶性，有機／無機），共通点と相違点を描写する。	・有機的自然と無機的自然の観察できる物質的変化を調査し，その成果を描写し，それを述べる。（例えば，水の集合状態，果実の乾燥過程，堅い物質の溶解可能性，燃焼による物質の変化）
		熱，光，火，水，空気，音	・実験で特性を発見する。（例えば，水と空気,温かさと冷たさ，光と影） ・人間，動物，植物にとっての水と温かさと光の意義を調査し，描写する。	・実験を計画し，実施し，成果を評価する。（例えば，光，火，水，空気，音） ・自然における変化を描写し，発展段階を描写する。（例えば，水の循環，季節）

③題材や資料やその解明の作法，特性や変化の多様性は，分析・分類・比較を要求し，その際，方向づけるイメージや自然科学的に根拠づけられた型やモデルを認識することを助ける。その際，生徒は略図，表，その他の図像的な描写形式を活用し，作成する。 ④自然や生き物やその生活条件との直接の遭遇は生物学的生態学的関連の理解を促進する。これは生き物の扱いにおける尊重と責任感を発展するための前提である。自然や生命の領域における責任に満ちた行為は，子ども達が自分の身体，その栄養や手入れに取り組み，それに応じた考え方や態度を形成することを含める。	磁力，電気	・磁石の作用を調査し，それを描写する。	・電気回路に関するモデルを作成し，描写し，説明し，電気の扱いにおける安全のルールを考慮する。(例えば，機器，コンセント)
	身体，感覚，栄養，健康	・日常の状況における自身の感覚の意義を調査し，描写する。 ・個々の感覚器の機能と使命を確認し，描写する。 ・異なる栄養習慣とその影響を確認し，描写する。	・人間の体の構造と基本的機能を説明する。(例えば，血液循環，呼吸，消化) ・身体の手入れと健全な栄養と健康な生活実践の原理を説明する。 ・健康な生活実践のためのルールと秘訣を表現する。(例えば，栄養，身体の手入れ，応急処置)
	動物，植物，生活圏	・動物の身体の構造と生活条件を確認し，成果を記録する。(例えば，ペット，または動物園の動物) ・選択した植物，その典型的特徴を観察し，列挙し，その生活空間を描写する。(例えば，学校環境)	・動物と植物の発達を描写する。 ・動物，人間，植物にとっての生活空間と生活条件との関連を描写する。

（ＮＲＷ州小学校指導要綱とレアプラン S.40-41，43-44 より宇都宮作成）

　領域の内容①は，全重点に関わり，「自然と生活」で扱う内容を包摂する。領域の内容②は，重点「物質とその変化」，「熱，光，火，水，空気，音」，「磁力，電

気」に関わる内容である。「物質とその変化」では，有機的自然と無機的自然に存在する物質の変化を観察し，観察結果に基づいて，分類し，その結果を表現する。「熱，光，火，水，空気，音」では，自然現象の変化を実験を通して発見し，置かれた環境下で自然現象がどのように変化するのかを説明する。「磁力，電気」では，自然環境や生活環境にある不可視な磁力や電気を実験を通して可視化し，それを観察，調査，解釈する。領域の内容③は，全重点に関わり，観察対象となる有機的・無機的自然にある物質や自然現象を図や表といった多様な描写形式を活用して認識できるようにするための学習活動に関わる内容となっている。領域の内容④は，重点「身体，感覚，栄養，健康」，「動物，植物，生活圏」に関わる内容である。「動物，植物，生活圏」では，自身の生活圏に存在する生命を持つ動物や植物を尊重し，責任感を持って扱うことで生物学・生態学的な認識の基礎を獲得する。「身体，感覚，栄養，健康」では，人間以外の動物や植物の責任ある扱いを通して，自身の身体に対しても尊重の念を持ち，健康な身体を維持するための考え方や態度を育成する。

　歴史領域と同様に，領域の内容と重点を概観すると，理科領域でも，領域の内容と重点が事実教授の目標から導かれていることが窺える。子どもが自然環境と生活環境の視点から生活世界の仕組みを解明し，人間や人間以外の動物や植物が生存可能な生活圏を責任を持って維持しようとするためのコンピテンシーを初等段階という学年段階を考慮して育成することを意図している。

　そして，育成が図られるコンピテンシーも，2 学年段階ごとの期待されるコンピテンシーという形で明示されている。重点「物質とその変化」では，第 2 学年修了時には，有機的・無機的自然に存在する自然的事象を収集し，分類基準に従って分類したり，その分類でグルーピングされた自然的事象間の共通性や相違性を説明したりすることが図られる。第 4 学年修了時では，それら自然的事象の時間的経過の中での変化や実験での変容を説明することが求められる。

　重点「熱，光，火，水，空気，音」では，第 2 学年修了時には，自然に存在する物質や自然エネルギーの特性を実験で明らかにしたり，これらの物質やエネルギーが人間や生命体に及ぼす意義を説明したりすることが要求される。第 4 学年修了時では，これらの物質やエネルギーに関する独自の実験を計画，実施，評価したり，実験による変動やその経過を説明したりすることが図られる。

重点「磁力，電気」では，第2学年修了時には磁石を使ってその作用を観察し，観察結果を記録し，第4学年修了時には磁力を活用した電気回路のモデルを作成したり，電気回路を安全に活用する仕組みを説明したりすることが必要となる。

　重点「身体，感覚，栄養，健康」では，第2学年修了時には自分の身体にある感覚器官の仕組みや役割を説明したり，食習慣で異なる栄養摂取が健康に及ぼす影響を描写したり，第4学年修了時には人間の体の仕組みと機能を明らかにし，健康な身体を維持する生活を実践するためのルールや秘訣を表現できることが肝要となる。

　重点「動物，植物，生活圏」では，第2学年修了時には動物の体の仕組みや生活圏に植生する植物を観察・記録し，第4学年修了時には動物や植物の発達を表現したり，人間と動物と植物からなる生活圏を説明したりすることが要求される。

　第2学年修了時と第4学年修了時に育成が図られるコンピテンシーを比較すると，理科領域においても，第2学年修了時では，分ける（分類），比べる（比較），観察や結果の記述や記録など，比較的シンプルな知的操作を重視したコンピテンシー，第4学年修了時では，結果や関係性の説明・解釈・評価など，より複雑な知的操作を重視したコンピテンシーとなっている。第2学年修了時には，自然界にある物質を分類したり，実験による物質の変化を記録したり，日常の生活習慣を確認したり，体の仕組みを調査したりといった自然界の現象や生物や植物の観察・記録が重視されている。第4学年修了時になると，観察や記録を基に，なぜ自然現象がそのようになっているのか，なぜ自然現象が変化しているのか，自然現象やその変化をどうすれば生活に活用することができるのかといった問いに対して自分なりの解釈を表現することが重視されるようになる。これらコンピテンシーは発達段階に即応した活動や体験的学びを通して，確かな認識や思考・判断・表現を育成するものである。さらに，第4学年修了時には，第2学年修了時で育成されたコンピテンシーを累積的に発展させたコンピテンシーの育成が意図されていることが分かる。

(3) ＮＲＷ州事実教授レアプランにおける歴史領域と理科領域の統合

　(1)，(2)では，本レアプランの歴史領域と理科領域の構成と領域固有のコンピテンシーの育成を検討した。(3)では，両領域が事実教授という統合教科として，

どのように統合されているのかを考察する。これまでの検討から，歴史領域と理科領域のコンピテンシーは領域固有でありつつも，第2学年修了時と第4学年修了時で育成が目指されるコンピテンシーの特性において共通性があり，いずれも累積的なコンピテンシーの発展が図られていることが判明した。両領域の共通性は，ＮＲＷ州小学校学習指導要領における目標とコンピテンシー設定に起因すると考えられる。

　ＮＲＷ州では，小学校全教科に共通する指針とレアプランが一連の指導要領として作成されており，日本でいう総則に相当する指針と各科教科レアプランからなる構成となっている。指針では，指針とレアプランの役割，その使命と目標，小学校における学習と教授，期待されるコンピテンシー，成績評価，教師の使命，親や生徒の寄与，学校生活など小学校での生活や学習全般にわたる教科を越えた具体的な総則が記載される。

　ＮＲＷ州小学校学習指導要領で設定された目標と育成が目指されるコンピテンシーを示したのが次頁の表4-8である。本表では，横軸に小学校の全般的目標，全教科に及ぶ目標，基本的なコンピテンシー，コンピテンシーの具体的操作という項目を設定し，横軸で各項目の内容を示すことで，ＮＲＷ州小学校学習指導要領では，小学校の全般的目標とそこから導かれる全教科に及ぶ目標を実現するためにどのような教科横断的なコンピテンシーを設定しているのかを明らかにすることを意図している。

　小学校の全般的目標では，①自主的な学習と協同的な学習の重視，②自己や他者の意見の尊重，③自身の宗教観や世界観の維持と他者の宗教観，世界観に対する理解と寛容，④民主主義の擁護，⑤鋭敏な感性や芸術的感性の発揮，⑥健康な生活の維持，⑦メディアの適切な取り扱いという幅広い目標設定がなされている。この目標から，全教科（国語，事実教授，算数，英語，音楽，芸術，運動，プロテスタントの宗教科目，カトリックの宗教科目）に及ぶ教科横断的な目標が導かれる。その目標とは，生活世界における複雑で多様な現象を各教科の視点から解明することで，世界に対する体系的な展望を拓くことができるための基本的なコンピテンシーを育成することである。基本的なコンピテンシーは，認知とコミュニケーション，分析と熟考，構造化と描写，転移と応用というコンピテンシーからなる。

表 4-8　ＮＲＷ州小学校指導要綱における目標とコンピテンシー

小学校の全般的目標	全教科に及ぶ目標	基本的なコンピテンシー	コンピテンシーの具体的操作
・自主的で自己責任的に行動すること ・個別に学んだり他者と協同で学んだりして成果をもたらすこと ・自分の意見を主張し，他者の意見を尊重すること ・宗教的，世界観的な問いにおいて個人的な決断を下し，他者の決断に対する理解と寛容を発展すること ・基本法や州憲法の根底にある規範を理解し，民主主義を擁護すること ・独自の感知能力，感情移入能力，表現力，芸術的美的能力を発揮すること ・運動や共同でするスポーツへの喜びを発展し，健康的に栄養を摂取し，健康に生活すること ・責任感を意識して確かにメディアを扱うこと	生活現実の複雑な現象に対する構造化された視野を可能にし，世界への体系的なアプローチを開く →基本的なコンピテンシーの育成に寄与する (全教科＝国語・事実教授・算数・英語・音楽・芸術・運動・プロテスタントの宗教科目・カトリックの宗教科目，支援授業)	認知することとコミュニケーションをとること	・自身の観察，評価，熟考を多様で適切な方法で他者に伝える ・その観察や評価に関する対話において，自身の認知の有効性を検証する
		分析することと熟考すること	・新しい評価や判断に至るために，新しい認識を存在する知識や型と比較する ・援用的なアプローチ，教科に関連したアプローチ，教科を越えたアプローチや方法とともに予備知識，推測，比較を効果的に扱う
		構造化することと描写すること	・授業内容の取り組みから認識や洞察や成果を表現し，これらを適切に記録する
		転移することと応用すること	・ある事実関連からの認識は実際に他に転用できるかどうか，例えば特殊な問題の解決の際に真価を発揮した方法は他の問題設定の場合にも有用であると証明されるかどうかを判断する

（ＮＲＷ州小学校指導要綱とレアプラン S. 11, 13 より宇都宮作成）

　認知とコミュニケーションは，自身の観察や評価や熟考を他者に伝達したり，その観察や評価や熟考の妥当性を認識したりすることができるコンピテンシーである。分析と熟考は，観察等で得た認識を既知の認識や思考パターンと比較した

り，教科固有，教科横断的なアプローチや方法，既知の知識や推測や比較を活用したりすることができるコンピテンシーである。構造化と描写は，認知とコミュニケーション，分析と熟考で獲得した認識や調査結果等を自身の観点から再構成し，自身の言葉で表現するためのコンピテンシーである。転移と応用は，獲得，再構成した認識を他事象に援用したり，学習において活用した学習方法やアプローチが他の学習にも有効であるのかを検討したりすることができるコンピテンシーである。

　歴史領域は，とりわけ小学校の全般的目標の②，③，⑦と密接に関連し，歴史の視点から自身や他者の生活世界を解明する領域である。自身や他者の生活世界の解明では，自身の生活世界に影響を及ぼす自身の宗教観や世界観を認知し，他者に伝達するとともに，他者の宗教観や世界観も認知し，自己のそれと比較することで，多様な宗教観や世界観からなる生活世界が存在するという世界像を構築し，他の社会や文化の考察においては理解と寛容のもとでその世界像を援用していくことが子どもには求められる。ここには，多様なメディアを活用した自身や他者の宗教観や世界観の解明，自身の宗教観や世界観に基づくアイデンティティ形成や他者の宗教観や世界観に対する理解と寛容といった小学校の全般的目標や基本的なコンピテンシーへの依拠が読み取れる。

　理科領域は，とりわけ小学校の全般的目標の①，②，⑥から導かれ，理科の視点から多様な物質や自然現象からなる生活圏を解明する領域である。実験を通して自然に存在する物質や自然現象や自然エネルギーの特性や変化を把握するとともに，人間や他の生物や植物の仕組みや発達を観察を通して記録し，生活圏を解明することが子どもには求められる。ここには，自身の観察，他者との協同での実験，実験結果の他者との検証，自身や他者の観察や実験，そこから導かれた根拠づけられた調査結果の形成，健康な生活を維持できるだけの持続可能な生活圏の考察といった小学校の全般的目標や基本的なコンピテンシーへの依拠が読み取れる。

　歴史領域と理科領域は扱う対象や考察のアプローチにおいてかなり領域固有性が存在するものの，世界を解明するという共通の目標のもとで共通する教科横断的なコンピテンシーが設定され，そこから各教科の目標やコンピテンシーが構想されることで，事実教授のパースペクティブとして統合を果たしているのである。

本節では，ドイツ事実教授カリキュラムを分析し，事実教授では第2学年と第4学年修了時でのコンピテンシーを設定し，累積的な育成を図ることで活動主義にとどまらず，学習指導要領における目標とコンピテンシーから歴史領域と理科領域のコンピテンシーを導くことで両領域の横断的な接続が可能となっていることをみてきた。これらのコンピテンシーは中等段階の歴史科や理科科目のコンピテンシーの基礎となるものであり，コンピテンシーを通して，中等段階との円滑な縦断的な接続も実現しているのである。ドイツの事実教授は，活動主義を乗り越え，教科内での横断的，教科間での縦断的な接続を果たす統合教科となっており，日本の生活科が抱える課題を克服していると判断することができる。

4　日本の生活科の課題を克服するための方途に関する考察

　前節までの考察で，日本の生活科が2017年版においても従来の課題を克服できない現状，ドイツの事実教授が日本の生活科にみられる課題を克服している現状を明らかにした。本節では，これら両国の現状を踏まえ，日本の生活科が従来の課題を克服するための方途を考察する。

　まず，第2節での考察から，日本の生活科の課題を克服するための方策を提示することが可能となる。活動主義を克服する方策は，知的側面からの可視化を意味する学習内容の可視化を図ることである。生活科では，認識を探究する社会科や理科との相違にこだわるあまり，活動を通した達成感や喜び，協同で取り組む意欲といった情意的側面を重視した活動がより優先される傾向が強い。結果として，活動そのものが目的となり，活動から得られる認識の基礎やそれに基づく思考や判断や表現において，第3学年以降の学習内容との接続関係を明確化するまでに至らなかった。知的側面に光を当てると，活動はあくまでも手段に位置づけられ，その活動から得られる豊かな認識の基礎に基づく思考・判断・表現も明らかなものとなることから，指導計画を構想する段階では活動に対する考え方を転換させる必要がある。豊かな認識の基礎をもたらす手段としての活動は，単に活動したことで得られるよりも深い達成感や喜びを子どもに与え，結果として情意的側面においても実り多い活動となろう。

　生活科内で社会領域と自然領域を統合する方策は，知的側面を評価する評価規準を構築することである。表4-1でみたように，生活科では，階層においては社

会領域と自然領域の統合は想定されていると判断されるが，各評価規準の表現では，情意的側面の評価が中心となっているため，両領域を統合して評価するものにはなっていない。各評価の観点において両領域の統合を可能にする知的側面からの社会領域と自然領域それぞれの認識の基礎，それらの統合を前提とした知識・技能及び思考力・判断力・表現力の基礎を評価する評価規準を設定しなくてはならない。この設定で，現在の曖昧で評価が困難な評価規準から脱却し，両領域を統合することが可能となろう。

　生活科を第３学年以降の社会科や理科といった教科と接続する方策は，知的側面から資質・能力を明確化することである。生活科では，情意的側面に偏った資質・能力の育成が図られてきた。しかし，教科を接続するためには，情意的側面ではなく，知的側面からの資質・能力が重要である。子どものやる気や達成感といった情意的側面は各教科を学習するための基盤ではあるが，接続を可能とする仲介の役割を果たすものではない。知的側面からの資質・能力を育成することで，子どもはその資質・能力を他教科の学習に援用したり，応用したりすることで，他教科への接続が可能となるのである。知的側面から生活科で育成する資質・能力を明確にし，それが社会科や理科で育成する知的な資質・能力へとどのように接続するのかを考察することが必須である。

　日本の生活科の３つの課題を克服する方策をみると，課題の方策は，いずれも知的側面からのアプローチとなっている。生活科は社会科や理科との相違を明確にするために，幼児期との接続という観点から遊びや気付きから得られる情意的側面に関わる資質・能力を重視しており，2017年版にもそれは引き継がれている。幼児期との接続から第１学年の生活科ではより情意的側面を重視したとしても，第２学年ではより知的側面へと傾斜していくといった情意的側面から知的側面への転換が課題を克服する鍵となると考えられる。

　実際，ドイツの事実教授では，発達段階に即応した活動や体験的学び，それを通して育成される知的側面を重視した資質・能力，つまり，コンピテンシーが明確に設定されることで，日本の生活科にみられるような課題を抱えてはいない。事実教授では，情意的側面と知的側面のバランスのとれた育成を図る小学校の全般的目標から導かれた，生活世界を解明するという知的側面を重視した目標を実現するために歴史領域と理科領域の各コンピテンシーが設定されることで，両領

域は統合を果たし，知的な成長が累積的に促されている。これにより，活動至上主義に陥ることを回避するとともに，初等段階から中等段階への接続を可能にしているのである。事実教授の現状からも，知的側面への転換を求める本章の主張は根拠づけられているといえよう。

　日本の生活科の目標も，小学校の全般的目標としての3つの柱からなる資質・能力から導かれ，評価規準が設定されており，形式上は課題を乗り越えるものとなった。しかし，生活科の目標は，知識及び技能の基礎は，「自分自身，身近な人々，社会及び自然の特徴やよさ，それらの関わり等に気付くとともに，生活上必要な習慣や技能を身に付ける」，思考力・判断力・表現力の基礎は「身近な人々，社会及び自然を自分との関わりで捉え，自分自身や自分の生活について考え，表現することができる」，学びに向かう力，人間性等は「身近な人々，社会及び自然に自ら働きかけ，意欲や自信をもって学んだり生活を豊かにしたりしようとする態度」とされる。これら情意的側面に偏った目標設定では，評価規準も曖昧なものになるのは必然であり，実質的には課題を乗り越えることはできない。

　知的側面に関する目標設定，その目標に導かれた知的側面に関する明確な資質・能力の設定，そしてなんといってもこの明確な資質・能力によって具体的にはどのような活動として組織すればよいかという授業構想の可視化へとつながるので，資質・能力の客観的な評価を可能にする評価規準の設定が，生活科の課題を克服した生活科の再構築を可能にするのである。目標と資質・能力と評価規準の設定とは，言い換えれば，コンピテンシー志向を意味している。事実教授では，コンピテンシー志向を実質的に実現することで，活動至上主義を乗り越え，縦断的・横断的な接続が可能となった統合教科となりえているのである。以上から，日本の生活科の課題を克服し，縦断的・横断的な接続を図る生活科を再構築する方途はコンピテンシー志向への実質的な転換であるというのが本章の結論である。

5　総括

　本章では，2017年版生活科学習指導要領とそれに準拠した指導計画と，ドイツのノルトライン・ヴェストファーレン州の事実教授レアプランの分析に基づいた考察から，コンピテンシー志向へと実質的に転換することが，生活科を再構築するための方途であることを論じた。

　生活科では幼児期との接続から，体験活動やそれに伴う心情的情緒的な情意面が重視されることは当然のことである。しかし，育成を目指す資質・能力を設定し，それを明確な評価規準で評価するというコンピテンシー志向への転換を図る2017年版において，情意的に彩られた資質・能力は設定したとしても，評価規準による客観的な評価になじまないものであることも確かである。ましてや，幼児期だけでなく，中学年の各教科への接続を図るためには，情意的側面の資質・能力ではその役割を担うことはできない。生活科という統合教科から社会科・理科への分化を可能にする知的側面，即ち，認識体系の構築が実質的にコンピテンシー志向へと変革するための課題となろう。学習内容の前倒しではなく，社会科領域と自然領域へとつながる生活科固有の基礎となる知識・技能，それら知識・技能に基づいた思考・判断・表現の解明に関する考察こそが今求められているのである。こうした基礎的な知識・技能や思考・判断・表現が獲得されれば，必然的に質の高い情意的側面の資質・能力も身につけることができよう。それこそが，主体的・対話的で深い学びであり，生活科は今まさにこの困難な課題に取り組むべき時期にきているのではないであろうか。

【註】

1) 文部科学省『小学校学習指導要領解説　生活編』東洋館出版社，2018 年，p. 83.
2) 同上，p. 6.
3) 同上，p. 7.
4) 同上，p. 8.
5) 同上，p. 12.
6) 同上，p. 13.
7) 同上，p. 8.
8) 同上，p. 15.
9) 同上，p. 8.
10) 同上，p. 16.
11) 田村学編著『平成 29 年版　小学校新学習指導要領の展開　生活編』明治図書，2017 年，pp. 156-161.
12) Ministerium für Schule und Weiterbildung des Landes Nordrhein-Westfalen (Hrsg.):

Richtlinien und Lehrpläne für die Grundschule in Nordrhein-Westfalen, 2008（Heft 2012）（https://www.schulentwicklung.nrw.de/lehrplaene/upload/klp_gs/LP_GS_2008.pdf　2019 年 8 月 15 日閲覧），原田信之「コンピテンシーを規定した統合教科『事実教授』のカリキュラム～ノルトライン・ヴェストファーレン州 2008 年版から～」『岐阜大学教育学部研究報告　人文科学』第 60 巻第 1 号，2011 年，pp. 223-232 参照（注 12 学習指導要領の参照元のアドレス末尾に「・・・LP_GS_2008.pdf」とある。これは「レアプラン小学校 2008」を意味している。）

13）Ebenda, S. 39.

第5章　認知系・非認知系コンピテンシーを輻輳的に育成する
　　　　 生活科授業開発　－統合教科の新しい展望に向けて－

1　本章の目的

　本章では，日本の生活科の課題を克服するために，認知系・非認知系コンピテ
ンシーを輻輳的に育成する生活科授業の開発を通して，生活科教育の新しい展望
を考察する。

　2016年の中央教育審議会答申では，活動や体験を通して低学年らしい思考や認
識を育成し，次の活動へつなげる学習活動を重視すること，幼児教育において育
成された資質・能力を発揮し，各教科等で期待される資質・能力を育成する低学
年教育として滑らかに連続，発展させること，幼児教育との連携や接続を意識し
たスタートカリキュラムについて，生活科固有の課題としてではなく，教育課程
全体を視野に入れた取組とすること，社会科や理科，総合的な学習の時間をはじ
めとする中学年の各教科等への接続が明確ではないことといった生活科の課題が
提起されている。これらの課題は，①活動主義，②社会領域と自然領域という生
活科内での水平的な統合の論理の欠如，③第3学年以降の社会科や理科といった
教科との垂直的な接続の論理の欠如という3つの課題にまとめることができる[1]。

　生活科は創設当初より，「活動あって学びなし」という批判が繰り返しなされ，
活動主義の克服は生活科内・教科等間での統合，社会科や理科との接続という横
断的・縦断的な接続の観点からめざされてきた。そのため，どのような内容，ど
のような方法で生活科の授業を実施すれば，横断的・縦断的な接続が可能となる
のかという学習内容や学習方法に関する研究が多く蓄積されている[2]。2008年告
示版学習指導要領解説生活編では，「科学的な見方・考え方の基礎を養う観点から，
自然の不思議さや面白さを実感する学習活動を取り入れる」，「中学年以降の理科
の学習を視野に入れて」といった文言が記述されており，生活科と理科との接続
が企図されている一方，社会科との接続に関しては言及されなかった。2017年告
示版学習指導要領解説生活編では，「生活科における，自分との関わりで身近な
人々や社会，自然の事物や現象に直接触れ親しみや興味をもつ学習は，社会科や
理科の学習内容に関連している」として両教科との接続が明記される。さらに，

「見方・考え方」に着目すると，生活科の「見方・考え方」が社会科における「社会的事象の見方・考え方」，理科における「科学的な見方・考え方」につながるように見通しを持った指導の重要性が指摘され，学習指導要領が改訂されるにつれて社会科や理科との接続がますます求められるようになっている。

　しかし，これら生活科に関する先行研究の蓄積，学習指導要領の改訂をもってしても，現在に至るまで，前述の生活科の3つの課題は克服されてはいない。その原因は，育成すべき資質・能力における認知系コンピテンシーと非認知系コンピテンシーの輻輳的な連関性が各教科において欠如していることに起因すると考えられる。生活科では，かつての低学年社会科や理科との相違を強調し，学習内容の前倒しを懸念する余りに，社会的認識や科学的認識の基礎としての「気付き」という汎用性を伴う表現に留められる一方，社会科や理科では教科固有の認知系コンピテンシーが前面に押し出される。その結果，生活科では生活科内での社会領域や自然領域の統合を可能にする認知系コンピテンシーが機能しないために社会・情動的な活動ばかりで，社会的認識や科学的認識の基礎的な学びが弱く，他方で，社会科や理科では社会や科学の楽しさや学習に対する動機付け，自己有用感といった非認知系コンピテンシーを駆り立てることなく学びがなされるという現状になっている。

　例えば，坂倉は生活科で育成が図られるのは，実験器具や薬品を使用できる楽しさなど学習中にポジティブ感情が一時的に生じることで起こる興味の源泉が環境要因による「浅い興味」であり，科学の本質である規則性・法則性を探求し，その意味を理解することの面白さが評価された結果としての「価値的興味」を育まないという課題を指摘する[3]。つまり，非認知系コンピテンシーが浅い情動的な感情（浅い興味）といったものに限定されると，認知系コンピテンシーと結びついた考察や探究といった深い学びに到達することが困難になってしまうということである。本来はいずれの教科においても，能力の社会的側面や自己の側面など非認知系能力を結集させ，それらを教科の知識・技能という認知系コンピテンシーに織り込むことで[4]，認知系コンピテンシーと非認知系コンピテンシーが関連づけられながら学習はなされるはずである。しかし，認知系・非認知系コンピテンシーが輻輳的に機能していないために，生活科内での水平的統合も第3学年以降の教科等との垂直的接続も実現が難しくなっている。そのため，学習指導要

領の理念レベルで生活科の学習内容が社会科・理科と密接に関連していることが論じられ，先行研究において学習内容に着目して社会科・理科との接続が考察されたとしても横断的・縦断的な接続を図る生活科の再構築の困難性は解消されない。生活科の目標としての認知系・非認知系コンピテンシー，それらコンピテンシーから導かれる学習内容，これら学習内容を評価する評価方法という一貫した道筋のもとで，生活科の課題を克服する方策を考察し，その方策を踏まえた授業開発と評価をすることで両コンピテンシーの輻輳的育成が可能となるとともに，生活科内での統合や各教科間の接続も実現されるであろう。

　そこで，本章では，第2節で認知系・非認知系コンピテンシーの観点から生活科の課題を克服する方策を考察し，第3節で認知系・非認知系コンピテンシーを輻輳的に育成する授業と評価規準を開発することで，新しい生活科の展望を提示することをめざす。

2　生活科の課題の克服に向けた方策の考察

　本節では，認知系・非認知系コンピテンシーの観点から，第1節で前述した生活科の3つの課題を克服する方策を考察する。

　生活科において，社会認識と科学的認識の基礎としての認知系コンピテンシーを明確化し，非認知系コンピテンシーと関連づけた活動にすることが，活動主義を克服する方策であると考える。2017年告示版学習指導要領解説生活編では，「生活科の学習内容や方法が，第3学年以上の教科等にも密接に関連している」として，社会科や理科との接続が言及されつつも，「このような関連を踏まえつつも，殊更知識や理解の系統性に気を取られることがあってはならない」として，認知的側面からの接続に対して消極的な姿勢を取る。この姿勢が認知系コンピテンシーと非認知系コンピテンシーの輻輳的な育成を阻害し，社会・情動的側面ばかりを優先した学びのない活動主義を生み出していると考えられる。生活科は一人一人の認識萌芽としての気付きが重要であり，対象への取り組みの中で社会・情動的側面から諸感覚を働かせて気付いたことが認識へとつながり，それが気付きをさらに深めるという認知系コンピテンシーと非認知系コンピテンシーの相互作用がなされることが，活動主義から脱却する方策となりえよう。

　生活科内での社会領域と自然領域の水平的な統合の論理の欠如は，授業計画の

段階において社会と自然各領域の認知系コンピテンシーと非認知系コンピテンシーを確定し，その育成を測定する評価規準を設定することで補うことができる。生活科の各単元で扱う，児童が直接触れたり興味を持ったりする社会や自然の事物や現象がいずれの領域に関連するのかを明確にした上で，それらの事物や現象の学習から育成可能な認知系・非認知系コンピテンシーを確定し，その評価規準を設定すれば，生活科内での社会領域と自然領域の統合は実現されよう。

　各単元における認知系・非認知系コンピテンシーを確定し，評価規準を設定すれば，必然的に社会科や理科といった教科との垂直的な接続の論理の欠如も解消されることになる。生活科内の社会領域と自然領域は，中学年以降の社会科や理科と接続するものであり，これらの領域を意識した認知系・非認知系コンピテンシーを確定することは，社会科や自然との接続をも可能にするであろう。

　以上から，各単元において社会と自然の領域別に育成すべき認知系コンピテンシーと非認知系コンピテンシーを関連づけた活動を想定し，その活動を通して両コンピテンシーの育成を評価する評価規準を設定することが，生活科の課題を克服する方策であるとする。

3　生活科の課題を克服する授業と評価規準の開発

　本節では，第2節で考察した生活科の課題を克服する方策に基づいて，生活科の課題を克服した授業と評価規準を開発する。本章で扱う生活科の教材は，鳴尾いちごである。鳴尾いちごとは，明治後期から昭和初期にかけて兵庫県鳴尾村において盛んに栽培された，いちごの総称である。かつては大阪からいちご狩りに人々が来るほどいちご栽培がなされていたが，現在では1件の農家しか栽培していない鳴尾いちごは，生活科の授業での栽培を通して地域の児童にとり馴染みがあり，興味・関心が高いとともに，いちごを実際に栽培し，その成長や変化，実りという生命の営みを実感する面では自然領域，いちご栽培の歴史や現在の鳴尾いちごを保存しようとする動向という面では社会領域とも関連するため，生活科で扱う事象として適切である。全体の指導計画を提示する。

低・中学年の接続を図る「鳴尾いちご」を教材とした学習指導計画　（西宮市立N小学校）

【5月～10月】

○2年生　生活科　単元名「ぐんぐんそだてわたしの野さい」（12時間＋常時活動）

＜単元の目標＞

　野菜づくりを通して，それらが育つ場所，変化，そして，成長の様子などに関心を持って世話や観察をするとともに，それらは生命を持っていることに気付き，大切にしようとすることができる。

＜学習指導計画＞

　第一次…　これから育てたい野菜を友達と話し合って決める。（1時間）

　第二次…　土づくりや栽培の仕方について，自分で調べたり専門家に聞いたりして栽培の準備をする。（2時間）

　第三次…　調べたり，聞いたりした方法を生かして，種まきや苗植えをする。（2時間）

　第四次…　栽培活動中に起こる様々な問題の解決方法を友達と調べたり，考えたりして実行する。（2時間）

　第五次…　育てた野菜を収穫する。調理に挑戦したり，催し物を開催したりして収穫の喜びを味わう。（3時間）

　第六次…　野菜を育てた思い出を振り返り，友達と発表し合う。（2時間）

【11月～3月】

○2年生　生活科　単元名「鳴尾いちごをそだてよう」（7時間＋常時活動）

＜単元の目標＞

　夏野菜の栽培経験を生かして，地域の伝統的な野菜である「鳴尾いちご」を栽培するとともに，そのおおまかな歴史や守っておられる方々の思いについて理解し，3年生の総合的な学習の時間「鳴尾いちご復活させ隊」に向けての課題意識の醸成を図る。

＜学習指導計画＞

　第一次…　「鳴尾いちごの今・昔」（2時間）

　　　　　　・鳴尾いちごの栽培活動との関連から，地域における今と昔の鳴尾いちご栽培の様子の比較において，継続と大きな変動があることに気付き，鳴尾いちごの歴史に興味を持つ。

　第二次…　「鳴尾いちごの栽培を始めよう」（1時間）

・鳴尾いちごの栽培の仕方を理解し，一人一鉢ずつ植え付けを行い，栽培活動への見通しと意欲を持つ。　＊常時活動…水やりと草引き及び観察
第三次…「**鳴尾いちごを守っておられる人々に出会おう**」（2 時間）
　（1）鳴尾いちご農家のＡさんの畑に伺い，いちごの栽培の様子を見学させていただくとともに栽培を続ける思いやその工夫と苦労について聞く。
　（2）鳴尾いちごの入ったスイーツを製品化し，販売している洋菓子店のパティシエであるＢさんに来校していただき，製品化や販売の工夫と苦労，地域の銘菓に育てようとする意気込みを聞く。
第四次…「**鳴尾いちごの冬越しの準備をしよう**」（1 時間）
　・鳴尾いちごは，寒い冬を屋外で越すことで甘い実となることを知り，冬越しの準備のために，追肥をやったり，早くできたつぼみの摘み取り方を学んだりする。
第五次…「**3 年生に鳴尾いちごの秘密を教えてもらおう**」（1 時間）
　・3 年生の総合的な学習の時間「鳴尾いちご復活させ隊」の 2 年生に向けた発表会に参加し，鳴尾いちごのことについて教えてもらう。また，それにより，3 年生から始まる総合的な学習の時間のイメージを持つ。

【翌年度 4 月から】
○4 月下旬から 5 月中旬　…　2 年生から継続して栽培している鳴尾いちごの収穫
○3 年生　総合的な学習の時間　単元名「鳴尾いちご復活させ隊」（全 50 時間）

　以上が，西宮市立Ｎ小学校において実施する生活科，及び，総合的な学習の時間の全体計画である。「ぐんぐんそだてわたしの野さい」という単元名で立案した学習指導計画であるため，実際に鳴尾いちごを栽培するといった自然領域との関連が強い指導計画であるが，単元「鳴尾いちごをそだてよう」の「鳴尾いちごの今・昔」，「鳴尾いちごを守っておられる人々に出会おう」といった小単元での社会領域との関連，さらに 3 年生の総合的な学習の時間「鳴尾いちご復活させ隊」といった教科との接続も図るとともに，社会領域と自然領域の統合もめざしている。本章では，社会領域との関連において重要な役割を果たす小単元「鳴尾いちごの今・昔」を対象として，生活科の課題を克服した授業と評価規準を提起することを図る。前節において，生活科の課題を克服する方策は，各単元において社会と自然の領域別に育成すべき認知系・非認知系両コンピテンシーを関連づけた

活動を想定し，その活動を通して両コンピテンシーの育成を評価する評価規準を設定することであるとした。そこで，両コンピテンシーを関連づけた学習活動と評価規準を設定した学習指導計画案を作成した。

第2学年　生活科学習指導計画案

1. 小単元名　　「鳴尾いちごの今・昔」（2時間扱い）
2. 対象学年　　西宮市立N小学校　2年生
3. 授業実施日　2020年11月2日　2・3時間目（9：40〜11：30）
4. 本時の目標

　　鳴尾いちごの栽培活動との関連から，地域における今と昔の鳴尾いちご栽培の様子の比較において，継続と大きな変動があることに気付き，鳴尾いちごの歴史に興味を持つことができる。

5. 本時の展開

展開	学習活動	指導上の留意点と評価	評価規準	
			認知的側面	社会・情動的側面
鳴尾いちごの歴史	**1．鳴尾いちごが地域で栽培されるようになったのが，どのくらい前なのかを理解する。** ・昔のいちご畑の様子（写真①） ・「鳴尾といえばいちご」 ・鳴尾いちごのおおまかな歴史がわかる線分図 ・江戸時代より明治時代にかけて，西瓜→綿花→いちごの順に栽培が盛んになった。…砂地が栽培に適していた。	○鳴尾村でいちごが栽培され始めた明治32年から現在までの時間の長さを線分図で示し，児童の生きてきた時間の長さと比較させることにより，栽培開始以来の時間の長さを理解させる。 ○随時，線分図に鳴尾いちごの大まかな歴史的な出来事のカードを表示して，時間の経過による変動を理解させる。 ○校区の畑に残っている砂を見せることで，地域で盛んに栽培された植物と環境（砂地）の関係に注目させる。	◎植物（生産物）は地域の環境と関わっていることを理解する。 □過去から現在へと続く時間の経過を理解する。 ＝時間意識	鳴尾いちごが長い間，栽培され続けていることを実感し，継続することのすばらしさに思いを寄せる。

	今とむかしの鳴尾いちごのさいばいのようすをくらべて，同じところとかわったところを見つけよう。		

2．着物で着飾った女性がいちご狩りをしている昔の写真などの資料から当時の流行の様子を読み取る。 ・昔のいちご狩りの様子(写真②) ・実物資料(幟・籠・ラベル) ・栽培されていた品種(写真③) ・当時の栽培方法(写真④) ・販売用の木箱(写真⑤) ＜同じところ＞ いちご(狩り)の人気 ハウス栽培でなく露地栽培 収穫時期(5月) 甲子園球場(大正13年) ＜かわったところ＞ いちご畑の数 いちごの品種(見た目，味) 栽培の仕方(袋がけ) 販売の仕方(木箱→プラケース) 販売のための子どもの手伝い	○写真②から，鳴尾村でいちご狩りを楽しむ文化(阪神間モダニズム)が，当時，大流行していたことを理解させる。 ○昔，鳴尾村に住んでいた直木賞作家の佐藤愛子氏のエッセイから，当時のいちご畑の様子が書かれた部分を読ませる。 ○当時のいちご狩りで使われた幟や籠などの実物資料を見せることにより，興味・関心を高める。 ○写真③「品種：大正」と写真④「当時の栽培方法」を見せ，露地で栽培するという方法は同じであるが，今の品種(宝交早生)と形が違うことや実に袋をかぶせて，いちごを育てるという，今と違う栽培方法に気付かせる。 ○写真⑤「販売用の木箱」の写真を見せたうえで，当時，出荷のための木箱詰めの作業を子どもが手伝っていた様子を，聞き取り資料をもとにして伝える。	□土地利用や生活の道具などの時代による違いに着目したり，人々の生活の様子を捉えたりして，それらの変化を比べている。 ◎植物の品種と多様な栽培方法を理解する。 □時間の経過によって人や暮らしや事象には変化するものと，変わらないものがあることを把握する。 ＝歴史性の意識	□地域の発展に尽くした先人の工夫や努力が地域の発展に貢献したことのすばらしさを感じとる。 □子どもの手伝い作業の様子を聞くことで，自分にもできるという実感を持つことができ，その実感を仲間と共有することができる。
3．地域で鳴尾いちごの栽培が衰退した理由を予想し，資料を	○いちご栽培の衰退の原因は，昭和9年の室戸台風による水害や戦争	□時代による変化や不変を	□地域の変化からその地

鳴尾いちご栽培の衰退理由	**通して，その過程を協働的に話し合う。** ・鳴尾村の俯瞰図（写真⑥） ・室戸台風の被害（写真⑦） ・軍事工場の様子（写真⑧） ・団地の建設風景（写真⑨） ・Aさんのいちご畑（写真⑩） ＜同じところ＞ 　N小学校の位置 　鳴尾いちご農家のAさんの栽培 ＜かわったところ＞ 　鳴尾のまちの様子 　人々の生活や仕事の様子	による農地の減少であったことを写真により理解させる。 ○戦後は，都市化のため，急激に農地が宅地化されたことにより，いちご畑が減ったことを今と昔の地域の俯瞰図を比べさせることにより気付かせる。 ○校区でわずか一軒になってしまった，鳴尾いちご農家であるAさんの畑の写真を見せることにより，地域から鳴尾いちごの栽培が消えかかっていることを実感させる。	表現する。 □時代の経過による人々の生活の変化を理解する。 □農業が衰退する理由を自分の言葉で表現する。	を発展させようとした人々の努力を感じる。
鳴尾いちご栽培の工夫や努力	**4．地域で鳴尾いちごを守ろうとしている人々の話をビデオで視聴する。** (1)鳴尾地区で唯一残っている，いちご農家のAさん (2)鳴尾いちごの入ったスイーツを販売する，地域の洋菓子店パティシエのBさん	○校区で昔，盛んであった鳴尾いちごの栽培の様子の変遷とAさんが，今もどのような思いで鳴尾いちご栽培を続けておられるのかに焦点化してビデオを編集している。その視聴により，児童の，鳴尾いちごを栽培する意欲の向上を図る。 ○地域の特産であった鳴尾いちごを使ったスイーツを開発・販売して地域の銘菓づくりに励むBさんの話から，自分たちの栽培したいちごをその材料として使っていただけることを伝える。	□自分たちが栽培するいちごが持つ意味を市場経済（開発・販売の工夫）の面から理解する。＝経済社会の意識	□時代の経過の中での現在の地域で働く人々の工夫や努力を感じる。 □いちご栽培の保存や継承の取り組みに着目して，願いや努力を明らかにしようとする。

鳴尾いちごの今後に関する考察				
	5．鳴尾いちごの今後についての意見を書いて，交流する。	○ワークシートに，今後，鳴尾いちごがどうなるべきか具体的な方策も添えて書かせる。【思・判・表】鳴尾いちごを巡る環境の変化を把握した上で，鳴尾いちごがどうあるべきか自分なりの意見を表現することができる。（ワークシート）	◎品種や栽培方法に基づいて方策を表現する。□市場経済に基づいて方策を表現する。	□地域社会の問題を主体的・協力的に解決しようとする。
	6．次時の予定を聞く。	○一人一鉢，鳴尾いちごの苗を植え付けることを伝える。		◎植物の栽培に対して関心・意欲を持つ。

※　◎は理科との関連，□は社会科との関連を意味する。

写真①昔のいちご畑，写真②昔のいちご狩りの様子，写真③イチゴの品種：大正(昭和13年)，写真④当時の栽培方法(袋がけ)，写真⑤販売用の箱，写真⑥昭和9年の俯瞰図，写真⑦室戸台風の水害，写真⑧建設された軍事工場の様子，写真⑨建設中の武庫川団地，写真⑩唯一残るＡさんのいちご畑

※コロナ制限下であったため，一斉授業による話し合い活動として協働的に学びを深めていった。

　本学習指導計画案では，学習活動と評価規準が中核をなす。評価規準では，認知的側面と社会・情動的側面に分けてコンピテンシーを明示する。本章ではOECDの考え方を踏まえて，認知系コンピテンシーを認知的側面としており，基礎的な認知能力，獲得された知識，外挿された知識からなる知識・思考・経験を獲得する心的能力，獲得した知識をもとに解釈し，考え，外挿する能力のことを指す。同様に，非認知系コンピテンシーを社会・情動的側面としており，目標の達成，他者との協働，感情のコントロールからなる一貫した思考，感情，行動のパターンに発現し，フォーマルまたはインフォーマルな学習体験によって発達させることができ，個人の一生を通じて社会経済的成果に重要な影響を与えるような個人の能力である[5]。これら両側面が関連して作用することで，コンピテンシーが相

乗的に高まるのである。評価規準においては，認知的側面の社会認識の規準は，過去から現在を経て未来へと至る時間意識と時間経過による継続性や断続性という歴史性の意識という歴史性の次元と，産業の変化や市場経済を中心とした経済社会の意識という社会性の次元から導いた[6]。科学的認識の規準は，2017 年告示版学習指導要領解説生活編における動植物の飼育・栽培で図られる資質・能力から導いた[7]。社会・情動的側面は，自分と身近な人々，社会及び自然との関わりに気づき，働きかけ，自分自身や自分の生活について考えたり表現したりするといった 2017 年告示版学習指導要領解説生活編で図られる資質・能力[8]，学習に積極的に取り組む有能観や自己効力感から導いた[9]。

　本学習指導計画案での学習活動は，①鳴尾いちごの栽培の歴史を理解する活動，②いちご狩りの文化を読み取る活動，③鳴尾いちごの衰退した過程と理由を考える活動，④鳴尾いちごの保存を図る人々の努力を知る活動，⑤鳴尾いちごの今後を考える活動からなる。本小単元は，社会領域との関連を重視した小単元である。

　①では，鳴尾いちごの歴史を線分図で実感し，継続することの素晴らしさに思いを寄せることで，時間意識といった基礎的な心的能力を養う。同時に，校区の畑の砂に触れることで諸感覚を使って，植物と環境の関係に気付く。

　②は，いちご狩りで使われた幟や籠，ラベルといった実物資料やいちご狩りについて書かれたエッセイ，いちご狩りを楽しむ写真資料，当時の栽培方法や販売方法が分かる写真資料や聞き取り資料といった多様な資料を使って，土地利用や生活道具や人々の生活の変化や不変に気付く活動である。ここでは，児童が多様な資料に協働で取り組むことで，先人の栽培や販売に向けた工夫や努力を感じ取り，子どもの手伝い作業の様子を聞くことで自分にもできるという実感を持ち，それを仲間と共有することで，工夫や努力が現在まで変わらず生かされていたり，さらに発展して今日に変化を及ぼしていたりすることに気付く。

　③は，盛んであったいちご栽培が衰退した理由を戦前の写真や戦後の今と昔の地域の俯瞰図を比較することで，把握する活動である。児童は協働で写真資料を比較することで，各時期において人々がその地域の発展のためになした努力を感じ取り，視覚的な変化から衰退した理由に気付く。

　④は，現在において鳴尾いちごの保存を図る人々の話を視聴する活動である。唯一の鳴尾いちご栽培農家となっても栽培し続ける A さんの思いに共感し，学校

で自分たちが鳴尾いちごを栽培する意味を実感したり，自分たちが栽培するいちごを使った地域の銘菓作りに励むBさんの話から商品を開発・販売する工夫や努力を感じ取ったりすることで，市場経済の基礎的な仕組みに気付く。

　⑤は，これまでの学習を踏まえ，鳴尾いちごが今後どうなるべきかを考えるという本小単元の総括的な活動である。いちご栽培の保存や継承の取り組みがあり，そうした工夫や努力を実感しつつも，栽培者が少なく発展することが困難な鳴尾いちごの今後を品種や栽培方法といった自然領域，市場経済といった社会領域の両面からの気付きを発展させて，自分なりに表現する。

　本学習指導計画案は，いずれの学習活動においても，協働での実感や共感を通して気付き，それが深まるよう，認知系・非認知系コンピテンシーが輻輳的に連関しながら作用しあうよう構成している。この構成とすることで，科学的認識と社会的認識の基礎を育成し，中学年以降の理科や社会科等との接続を可能にするとともに，生活科の課題を克服する生活科授業とその評価規準を提示することができたと考える。

4　総括

　本章では，認知系・非認知系コンピテンシーの観点から生活科の課題を克服する新しい生活科の授業と評価規準を提示した。生活科では創設から現在に至るまで一貫して，社会・情動的側面に基づく活動からの気付きを重視することで，社会科や理科との差別化を図ってきた。生活科は社会・情動的側面，社会科や理科は認知的側面からという従来の授業構成は，近年のコンピテンシー・ベースの教育動向からみると通用しないであろう。汎用的能力であるコンピテンシーは，認知系・非認知系コンピテンシーを切り分けるのではなく，両コンピテンシー間の相互作用においてこそ育成できるものである。従来の授業構成では生活科は活動あって学びなし，社会科や理科は学びがあっても社会科離れや理科離れを招くことになり，深い学びを保証することはできないであろう。認知系コンピテンシーと非認知系コンピテンシーの輻輳的な育成を図る新たな生活科の授業構想と評価規準を明らかにすることが新しい生活科の展望を拓くというのが本章の結論である。

【註】

1）原田信之・酒井達哉・宇都宮明子「横断的・縦断的な接続を図る生活科の再構築－ノルトライン・ヴェストファーレン州事実教授レアプランを手がかりに－」名古屋市立大学大学院人間文化研究科編『人間文化研究』第 33 号，2020 年，p. 40 を参照。

2）福士顥士「小学校生活科における「気付きの質」に関する一考察－生活科から理科への接続の視点から－」『川村学園女子大学研究紀要』第 25 巻第 2 号，2014年，pp. 71-87，池野範男「小学校における生活科と社会科の連携・接続－教科の特質に着目して－」『日本体育大学大学院教育学研究科紀要』第 3 巻第 1 号，2019 年，pp. 75-86，稲田結美「小学校における生活科と理科の接続の視点－先行研究の動向をふまえて－」『日本体育大学大学院教育学研究科紀要』第 3 巻第 1 号，2019 年，p. 87-98 などを参照。

3）坂倉真衣「理科教育が抱える課題からみた生活科授業に期待されること」『宮崎国際大学教育学部紀要　教育科学論集』第 6 号，2019 年，pp. 60 を参照。

4）原田信之「ドイツ初等教育「事実教授」における統合教科固有のコンピテンシーと連関性の可視化－バーデン・ヴュルテンベルク州ビルドゥング計画を対象に－」名古屋市立大学大学院人間文化研究科編『人間文化研究』第 35 号，2021年，p. 99。

5）認知的側面，社会・情動的側面に関する能力については，経済協力開発機構（OECD）編著『社会情動的スキル－学びに向かう力－』明石書店，2018 年，pp. 52-61 を参照。本著では，社会情動的スキルが認知的スキルの発達に役立つとされ，両スキルの動的相互作用が論じられている。

6）Pandel, Hans-Jürgen: Dimensionen des Geschichtsbewußtseins. Ein Versuch, seine Struktur für Empirie und Pragmatik diskutierbar zu machen. In : Geschichtsdidaktik 12 , H. 2 , 1987, S. 130-142 を参照。

7）文部科学省『学習指導要領解説　生活編』東洋館出版社，2018 年，pp. 43-46 を参照。

8）同上書，pp. 12-16 を参照。

9）ジョン・ハッティ，グレゴリー・イェーツ著，原田信之訳者代表『教育効果を可視化する学習科学』北大路書房，2020 年，pp. 332-351 を参照。

第6章　認知系・非認知系コンピテンシーを輻輳的に育成する
　　　　 生活科の授業実践

1　本章の目的

　本章は，第5章で提案した認知系・非認知系コンピテンシーを輻輳的に育成する生活科学習指導計画案（第5章 113〜116 頁を参照）を，学校教育現場での実践を通して検証することを目的とする。

　本学習指導計画案に基づいた生活科授業実践を，2020 年度と 2021 年度に西宮市立Ｎ小学校の第2学年を対象に実施した。同じ授業実践を2回実施しているのは，2020 年度の実践で判明した本学習指導計画案の実践上の課題を踏まえて改善策を講じることで，より優れた生活科授業実践へと精緻化することをめざしたからである。

　2020 年度の授業実践で明らかとなった課題は，以下の4点である。

　第1は，時間配分上の課題である。2時間構成の授業実践で，2時間目の前半から運動場に移動したことにより，鳴尾いちごの歴史や栽培の工夫や努力といった本授業実践の骨子をなす学習活動の時間を十分に確保することができなかった。

　第2は，提示資料に関する課題である。鳴尾いちごの昔の栽培の写真や当時，使用された道具など，多くの写真や実物資料を提示したために，一つ一つの説明に時間がかかってしまい，資料をもとに考えさせる時間が少なくなってしまった。また，提示資料が多くなったことにより，「今とむかしの鳴尾いちごのさいばいのようすをくらべて，同じところとかわったところを見つけよう」という授業のめあてに沿って児童が考える際に，視点が多くなり過ぎて思考しづらい状況となった。

　第3は，今昔の比較に関する課題である。「今とむかしの鳴尾いちごのさいばいのようすをくらべて，同じところとかわったところを見つけよう」が授業のめあてであり，鳴尾いちごの栽培の今昔の比較は，本授業実践の成否を握る鍵といえる。鳴尾いちごの栽培が変遷していく様子が分かる写真を時系列で順に見せたうえで，このめあてについて考えさせたが，第2学年の児童にとり馴染みのない昔の写真を前半に示したために，後半にいくにつれて昔の写真の記憶が曖昧になり，

今と昔を比較して考えることが難しくなってしまった。

　第4は，協働的な活動に関する課題である。第1の課題とも関わり，鳴尾いち
ごの歴史や栽培の工夫や努力といった学習活動の時間が十分確保できなかったた
めに，本授業実践の総括的評価の対象として重要な意味を持つ鳴尾いちごの今後
の考察を，個人活動やグループ活動を通して深めることができず，結果として，
ワークシートにおける考察の記述が表面的で浅いものにとどまってしまった。

　2021年度の授業実践では，これら4点の課題を克服する改善策を講じた。第1
の課題に対しては，2時間目前半部までを鳴尾いちごの歴史や栽培の工夫や努力，
鳴尾いちごの今後の考察といった主に社会認識に関わる学習活動の時間に充て，2
時間目後半部から運動場に移動して，いちごの苗植えをするように変更した。そ
れによって，1時間目は，「今とむかしの鳴尾いちごのさいばいのようすをくらべ
て，同じところとかわったところを見つけよう」，2時間目は，「鳴尾いちごのこ
れからについて考えよう」をめあてとして設定することで，児童がそれぞれの課
題にじっくりと取り組む時間を確保することを図った。

　第2の課題に対しては，提示資料を精選することとした。例えば，鳴尾いちご
の昔の栽培の様子を示す写真では，特徴をよく表している数枚に絞った。また，
実物資料である当時の道具も，いちごを収穫するための籠だけを児童に提示し，
いちご畑ののぼりやいちご狩り案内人のたすきなどは写真で示すのみにした。こ
れにより，一つの資料の説明を丁寧にするとともに，その説明から児童が想像力
を働かせて当時のいちご狩りを追体験したり，鳴尾いちごの衰退の原因を深く考
えたりするといった児童が思考するための時間の確保を試みた。

　第3の課題に対しては，今昔を対比的に提示する方策を採った。今と昔の鳴尾
いちごの栽培の様子を示す写真を対比的に並べることで，順序性を明確化し，そ
れに基づいて今と昔を比べて考えさせるようにした。例えば，戦争前と現在の鳴
尾いちごの栽培の様子を比べさせる際には，昭和17年と現在の鳴尾地区の航空写
真から，同じ場所をトリミングした写真を用意し，それらを黒板に並べることに
よって考えさせた。対比的な提示によって，馴染みのない昔と自分たちとの関わ
りを意識する継続性や，時間とともに大きく変化する断絶性を視覚化した。

　第4の課題に対しては，協働的な話し合い活動を工夫する改善策を講じた。2
時間目前半部の鳴尾いちごの今後の在り方についてグループで話し合う協働的な

学びは，これまでの学習を踏まえ，ワークシートに，今後，鳴尾いちごがどうなるべきか具体的な方策も添えて考えるという総括的な活動である。まず，5分間でワークシートに個人の考えを記入させ，その後，12分間でグループごとにそれぞれの意見を交流させた。そして，他者との話し合いを通して，自分の考えが広がったり，深まったりしたことを全体の場で発表させた。児童同士の協働を通じ，自分の考えを広げ深めることができるように，個人活動→グループ活動→全体発表→個人活動といった複数の形態での活動を組み合わせた。これにより，グループで地域の課題の解決に向けて，論点及び多様な視点を明確化して，鳴尾いちごの今後の考察が深い学びになることをねらった。

　以上の改善策を講じた2021年度の授業実践を本章の検討対象とし，第2節では2021年度の授業実践の概要を論じ，第3節では総括的評価としての鳴尾いちごの今後の考察に関するワークシートを分析して本授業実践を評価することで，検証していく。

2　認知系・非認知系コンピテンシーを輻輳的に育成する生活科の授業実践

　本節では，2020年度に実施した授業の課題を踏まえて改善策を講じた2021年度の生活科授業の概要について述べる。実施した授業は，公立小学校（西宮市立N小学校）第2学年で酒井が実施し，その授業記録をまとめた。

　本授業では，認知系・非認知系コンピテンシーを輻輳的に育成することを目指し，単元の目標を「鳴尾いちごの栽培活動との関連から，地域における今と昔の鳴尾いちご栽培の様子の比較において，継続と大きな変動があることに気付き，鳴尾いちごの歴史に興味を持つことができる」と設定して，1時間目はA～D，2時間目はA～Cの学習活動を以下の通り，展開した（第5章113～116頁を参照）。

---

　(1)　1時間目
○　ねらい「今とむかしの鳴尾いちごのさいばいのようすをくらべて，同じところとかわったところを見つけよう」
A　鳴尾いちごが地域で栽培されるようになったのが，どのくらい前なのか理解する。
B　着物で着飾った女性がいちご狩りをしている昔の写真などの資料から当時の流行の様子を読み取る。

C　地域で鳴尾いちごの栽培が衰退した理由を予想し，資料を通して，その過程を理解する。
D　地域で鳴尾いちごを守ろうとしている人々の話をビデオで視聴する。

(2) 2時間目
○　ねらい「鳴尾いちごのこれからについて考えよう」
A　鳴尾いちごの今後についての意見をワークシートに書く。
B　グループで鳴尾いちごの今後についての意見を交流し，全体で共有する。
C　鳴尾いちごの育て方について知り，鳴尾いちごの苗を一人一鉢，栽培用の鉢に植える。(運動場に移動)

　この学習活動に沿って，教師の発問に対する児童の発言をピックアップし，授業の概要をまとめる。なお，本授業は2021年11月12日(金)1, 2時間目（8 : 50〜10 : 25）にN小学校第2学年の一つのクラス（児童数35名）で実施したものである。

(1時間目の授業展開－A)　鳴尾いちごが地域で栽培されるようになったのが，どのくらい前なのか理解する。

　授業の導入において，まず鳴尾村でいちごが栽培され始めた明治32年から現在までの時間の長さを線分図で示し，児童の生きてきた時間の長さと比較させることにより，鳴尾いちごが長い間，栽培され続けていることを実感させ，その時間の経過を視覚的に理解できるようにした。その線分図には授業の展開に応じて，随時，鳴尾いちごに関する大まかな出来事のカードを貼って過去からの時間の経過による変動を示した。また，江戸時代から明治時代にかけて，鳴尾村では，砂地の土壌に

写真6-1　鳴尾いちごに関する歴史的な出来事を大まかに示した線分図

適した作物である，西瓜，綿花，いちごという順に栽培が盛んになった。そこで，実際に校区の畑で採取した土を見せることにより，地域で盛んに栽培された植物と環境(砂地)との関係に注目させた。

表6-1　授業記録（1時間目の授業展開-Ａ）

	＜前略＞
教1	鳴尾のいちごがどれくらい昔からあるのかわかるように，こんなものさしを作ってきました。鳴尾いちごが始まったのはここなのですけど，実はこれ，1目盛りが2年。ということは，皆さんが生まれたのは，この辺です。だから，皆さんは，この間，生きてきたのですね。これよりも，うーんと昔に鳴尾いちごが始まったのです。それでは，見ていきますよ。これ何時代？（年表を指しながら）
児1	令和，平成，昭和，大正，明治。
教2	すごいね，2年生でよく知っていますね。それより前は，何時代か知っていたらすごいな。
児2	江戸時代。
教3	江戸時代ですね。これ（西瓜の栽培の絵）は江戸時代の鳴尾の様子です。
児3	江戸時代って結構，昔やで。
教4	（線分図を指しながら）実はその江戸時代，鳴尾はいちごじゃなくて，別の食べ物で有名だったのです。何でしょう。ヒントはこの絵の中にあります。
児4	ぶどう
教5	ぶどう。なるほど。それでは見てみましょう。すいかなのです。
児5	おおー，すいか！

（1時間目の授業展開－Ｂ）　着物で着飾った女性がいちご狩りをしている昔の写真などの資料から当時の流行の様子を読み取る。

　鳴尾村では，明治後半から昭和初期にかけては，いちごの栽培が盛んになった。大正8年には阪神電鉄と提携して，いちご狩りが始まり，「鳴尾といえばいちご，いちごといえば鳴尾」といわれるぐらい，有名であった。

　児童は，昔のいちご狩りの様子などの写真から，鳴尾村でいちご狩りを楽しむ文化が，当時，流行していたことを意欲的に読み取ることができた。それは，児童が，

写真6-2　昔のいちご狩りの様子

昔のいちご狩りの写真（写真 6-2）で不思議に思うこととして，「着物を着ている。だって，いちご狩りに着物を着る人ってあんまりいないから。」「普通なら手とかで持ったりしているけど，かごとかに入れている。」「空がなんか昔に見える。」などと，次々に発表しているところからもわかる。

表 6-2　授業記録（1 時間目の授業展開-B-1）

教6	これ（写真 6-2）がだいたい，この辺りの（線分図の大正時代を指しながら），100 年くらい前の鳴尾の様子です。みんな，まだ 8 年くらいしか生きていないものね。この写真はいちご狩りの写真なのだけど，なんか不思議だなと思うことはありますか。それでは，お隣といつものように相談してみましょう。
教7	いっぱい話ができてすごいですね。自分の考えを相手に伝えるってすごくよいことだね。はい，それでは発表できる人。
児6	なんか，傘。
教8	傘，日傘だよね，日傘をさしながらいちご狩りって不思議だよね。
児7	着物を着ている。だって，いちご狩りに着物を着る人ってあんまりいないから。
教9	昔の人は着物を着ていたのですよ。しかし，着物は着物でも，この人たちは，持っている中でも，きれいな着物。普通はどんな服装でいちご狩りをしていたと思う？
児8	ちょっと古い。
教10	そうだね，汚れてもよい着物を着るよね。まず，ここが不思議だね。
児9	普通なら，手とかで持ったりしているけど，かごとかに入れている。
教11	よいところを見つけたね。これはすごくおしゃれなかごなのですよ。それもあんまり大きくないでしょ。
児10	太陽が，空がなんか昔に見える。
教12	ここね，今と違って電線とかビルとかないね。ちょっと，みんな窓を見てごらん。あんな鉄塔とか全くないよね。すごいところを見つけたね。

　続いて，「今とむかしの鳴尾いちごのさいばいのようすをくらべて，同じところと変わったところを見つけよう」と問いかけた。その際，比較しやすいように，ビニールハウスを使用した現代のいちご狩りの様子の写真も並べて提示した。この発問に対しては，主に以下のような児童の発言があった。なお，下記の（　）内は酒井による補足の言葉である。

＜同じところ＞

　　・どっちも（いちごを）手でとっている。

　　・（いちご狩りは今も）続いている。

＜変わったところ＞

- （今は）ビニールハウスの中で作っているのに，昔は入っていない。
- 昔はいちごをかごに入れていたけど，今はビニール袋に入れている。
- いちごを昔は，おしゃれな服でとっていたけど，今は普通の服。
- 昔は着物とか傘をさしていたけど，今は傘とか着物は着ていない。
- 昔は全部，いちごのところを通っとったけど，今は（通路ができて）ちょっと分かれているから通れるところもある。

　これらの発言から，児童はいちご栽培の様子やいちご狩りをする人々の様子を捉えて，それらの変化を比べることにより，時間の経過につれて，人，暮らし，事象には変化するものと，変わらないものがあることに気づいているといえる。

表6-3　授業記録（1時間目の授業展開-B-2）

教13	同じところ違うところ，どちらでもいいよ。
児11	<u>昔は着物とか傘をさしていたけど，今は傘とか着物は着ていない。</u>
教14	そうだね，だから，どこでもできるって感じになってきたよね。前は鳴尾でしかできなかったけど。
児12	<u>どっちも手でとっている。</u>
教15	それは同じところ。手でとるのは今も昔も変わらないね。いちご狩りをする仕方は変わらないってことですね。はい，どうぞ。
児13	<u>昔は全部，いちごのところを通っとったけど，今はちょっと分かれているから通れるところもある。</u>
教16	いいところに目をつけたね。先ほど，台の高さの話をしたよね。この道が広かったらどうですか？
児14	みんな，通れる。
教17	みんな，通れるね。そして，とりやすいよね。そして，農家の人も世話をしやすい。100年経ったら色々考えて変わってきているね。でも，同じなのは？みんないちご狩り，好きな人？
児15	はーい。（手を挙げる）
教18	ということは，今も昔もいちご狩りはどうなのですか？
児16	<u>続いている。</u>
教19	好きだってことや人気があるってこと。後，こっちは（写真6-2を指しながら），もっとおしゃれなイベントだったということですね。たくさん意見が出たのでびっくりしました。みんなよく考えましたね。

さらに，当時の鳴尾いちごの栽培や流行の状況についての理解を深めるために，鳴尾村に住んでいた直木賞作家の佐藤愛子氏のエッセイを用いた。当時のいちご畑の様子は以下のように描かれている。「かつて鳴尾は苺の名産地として有名であった。村の大半は苺畑で，私たちの住んでいた西畑という村の外れのその集落を出外れると，もう苺畑が広がっているのだ。小学校のまわりも苺畑だった。鎮守のお宮も苺畑の中にあった。（後略）」この文とともに当時の写真を紹介し，鳴尾村における，いちご狩りの流行の様子をたどった。

写真 6-3　昔のいちご狩りの道具（上）や出荷用の木箱（下）

それに加えて，当時，いちごの収穫で使われた籠（写真 6-3 上）の実物を見せることにより，鳴尾村の住民が，いちご狩りを通して地域を発展させようとする工夫や努力に対する児童の関心を高めることができた。

また，当時のいちごの品種（大正）や栽培方法の写真も示し，露地で栽培するという方法は現在の鳴尾いちごの場合も同じであるが，品種（現在は，宝交早生）や味，形が違うこと，また，昔は今の桃のように袋をかぶせて，いちごを育てていたこともあったという，今とは異なる栽培方法にも目を向けさせた。

最後に，昔の出荷用の木箱の写真（写真 6-3 下）を見せたうえで，当時，出荷のために，いちごを木箱に詰める作業を子どもが手伝っていた様子を，西宮市立郷土資料館の資料をもとにして伝えた。「いちごは，この箱に上と下と 2 段で売られていたのですけど，子どもは上を並べたでしょうか，下を並べたでしょうか。」という教師に問いかけに対して，児童は深く考えることができていた。それは，「えー！なんでだろう？」という学級全体の反応や，売れるいちごの要件として「赤い，きれい，甘そう，大きそう，真っ赤。」などと口々に反応している様子からわかる。そして，当時，子どもがまず箱の下の段のいちごを並べて，大人が上

の段をきれいに並べて売っていたという，昔の子どもの手伝い作業やいちごのへたをとるジャム作りのための手伝いの様子を聞くことにより，「私，それやったことある。」と，今の自分にもできるのではという共感を持つこともできていた。

表6-4　授業記録（1時間目の授業展開-B-3）

教20	昔は今みたいなプラスチックがなかったから，こんな木の箱に入れて，そして，こんなラベルをつけて売っていたのです。そこで，子どもたちが登場です。どう登場するのでしょう。みなさん 100 年前にタイムマシーンで行ったら，しなきゃいけないよ。何をするのだろう。
児17	運ぶ。お使い。
教21	そう，お使い，お手伝いね。いちごを売ってお金を手に入れなきゃいけないから，子どもたちも一生懸命に働きました。だいたい，いちごは，この箱に上と下と2段で売られていたのですけど，子どもは上を並べたでしょうか，下を並べたでしょうか，どちらか手を挙げてくださいね。いちごをこの箱に上に並べるお手伝いをしたと思う人手を挙げて。それでは，下の段に並べるお手伝いをしたと思う人。（児童が手を挙げる）上の段が多かったね。はい，下ろしてください。正解は，下の段です。
児18	（一斉に）えー！なんでだろう？
児19	いちごが落ちるから。
教22	みんなスーパーに，いちごが並んでいたら，どんないちごを買いますか。ぱっと見て，たくさんある中から，どのパックを選ぶ？
児20	（口々に）赤い，きれい，甘そう，大きそう，真っ赤。
教23	そう，昔も一緒。子どもが上を並べると，美味しそうに並べられないから，子どもは練習で下を一生懸命に並べて，大人の人が上をきれいに並べて売っていたのです。他にもね，子どものその頃のお手伝いは，ジャム作りのお手伝いでした。
児21	（一斉に）ああー！
教24	でもね，子どもの仕事は，いちごのヘタを取りまくること。ほんと大変だった。
児22	私，それやったことある。
教25	それが子どものお手伝い。みんなと同じように一生懸命にお手伝いをしていました。

（1時間目の授業展開－C）　地域で鳴尾いちごの栽培が衰退した理由を予想し，資料を通して，その過程を理解する。

　授業の後半からは，鳴尾いちご栽培の衰退の原因が，昭和9年の室戸台風による風水害や戦争による農地の減少であったことを当時の写真から予想させた。使用した写真は，室戸台風による被害の様子と軍事工場の様子などである。

児童は室戸台風の被害の写真（写真
6-4）を見ることにより，台風が来たら，
「風が強いから飛ばしちゃう。」「台風
が来たら大雨が来るし，いちごに当
たっていちごが沈んじゃうから。」「塩
（害）」などと，室戸台風の襲来によっ
て，鳴尾いちごの栽培がどうして衰退
したのか，その理由を考え，自分の言
葉で表現することができていた。その
上で，「鳴尾村の農産物収穫利益のグラ
フ」（図 6-1）を見せ，室戸台風襲来の
翌年である昭和 10 年のいちごの収穫利
益が大きく落ち込んでいる事実をデー
タからも確認させた。また，戦争の影
響で，鳴尾村のいちご畑が軍事工場の
用地などに転用されていく過程につい
ても，児童は，鳴尾村の戦争に関する

写真 6-4　室戸台風による被害

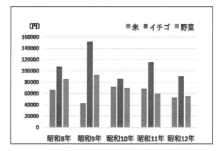

図 6-1　鳴尾村の農産物収穫利益
のグラフ（中央がいちご）

写真を見て，「爆弾が落ちて，いちごの苗がちぎれた。」などと 2 年生なりに意欲
的に予想をしていた。
　次に，戦争前と現在の鳴尾いちごの栽培の様子を比べさせ，戦後は都市化によ
る地域の発展によって鳴尾いちご栽培が衰退していったことに気付かせた。その
際には，昭和 17 年と現在の鳴尾地区の航空写真から，同じ場所が写っているとこ
ろをトリミングした写真を用意し，黒板に上下に並べて掲示した。

写真 6-5　昭和 17 年（左）と現在（右）の N 小学校付近の航空写真

　ここでも「今とむかしの鳴尾いちごのさいばいのようすをくらべて，同じところと変わったところを見つけよう」と問いかけた。なお，昭和17年の写真は白黒であるため，当時の俯瞰図を用いて昔の鳴尾村の情報を補完した。

　児童は，昭和17年と現在の鳴尾地区の航空写真（写真6-5）を比較して，「昔だと家はあまり建ってないけど，今だといっぱい家が建っていて，いちご畑がすごく少ない。」と戦後，地域の都市化にともなって鳴尾いちごの畑の数が少なくなったことを視覚的に捉えている。

　また，今も昔も変わらないものとして「Aさんのいちご畑はどっちもある。」「N小学校。」と，80年も前からN小学校の近くに，現在，わずか一件となった鳴尾いちご農家であるAさんの畑があり続けていることに気付くことができた。また，その周囲にある武庫川や阪神甲子園球場も昔と同じ場所に今も存在し続けていることを写真から捉えることができた。

　このように，昔，地域で盛んであった，いちご栽培が時間の経過による人々の生活の変化に伴って衰退した様子を今と昔の多面的な比較から実感をもって理解していた。

表6-5　授業記録（1時間目の授業展開-C）

教26	この写真をちょっと見てください。1942年，戦争が起こっている，この辺り。いちご畑がなくなる頃の写真（写真6-5左を示す）なのですけど，この中で，N小学校を見つけられる人はいますか。（中略）
教27	こんなにたくさん緑の部分があるでしょ。ここは何だったのですか。いちご畑だったのですね。それが，こうなります(写真6-5右を示す)。これ，今のN小学校の周り。
児23	（一斉に）あった！
教28	小学校はあった？みんなで指差して。ここで合っている？はい，その周りはどうですか。
児24	家ばっかり。
教29	ここが（写真6-5右を指しながら），最後の一軒の，Aさんの畑です。これらの写真，昔と今で何が同じで何が違いますか。
児25	昔だと家はあまり建ってないけど，今だといっぱい家が建っていて，いちご畑がすごく少ない。
教30	それでは同じところは他にないかな。変わらないところは？
児26	Aさんのいちご畑はどっちもある。
教31	Aさんのいちご畑だけかな。他は？
児27	N小学校。
教32	いっしょだね。これは？
児28	武庫川。

教33	武庫川も一緒だし，さあ，頭の中で思い浮かべた人は，この辺りにあるものも変わってないね，丸いもので。
児29	甲子園球場。
教34	そうですね。この辺には武庫大橋，この辺には甲子園ホテルという建物がこの頃から変わってない，ということでした。みんなで力を合わせて，やろうと思ったのだけれども，家がたくさん建って，畑がなくなっちゃったのですね。

（1 時間目の授業展開－D）地域で鳴尾いちごを守ろうとしている人々の話をビデオで視聴する。

　1 時間目の終わりには，現在，地域で鳴尾いちごを守ろうとしている人々のインタビューを紹介した。まず，地域で唯一のいちご農家となった A さんに，昔，盛んであった鳴尾いちごの栽培の様子と，どのような思いで鳴尾いちご栽培を続けておられるのか話していただいたことを文章にしてスライドで示した（過去から現在への視点）。

　次に，地域の特産であった鳴尾いちごを使った洋菓子を開発，販売して銘菓づくりによる地域の活性化に励む，洋菓子店の B さんの話をビデオで視聴した。ビデオの話の中で理解しにくいところは写真資料で補い，地域で鳴尾いちごを守ろうとしている方の工夫や努力を感じられるようにした（現在から未来への視点）。これらのことより，鳴尾いちごを使った地域の活性化（いちご販売やいちごを使用した商品の開発，販売）から，市場経済に関わる社会認識の基礎の育成を図った。

表 6-6　オーラル情報の例

> **＜地域の洋菓子店の B さん＞**
> 　みなさん，こんにちは。今回は，この「甲子園ほろほろクッキー」について少しお話をさせていただきます。これはね，昔，有名であった鳴尾いちごを今，武庫川女子大学の学生のみなさんとか，あるいは，その農家さんとか，みなさんが育ててくださっているので，鳴尾でできたいちごを使って，我々ケーキ屋が商品にしたものになっています。私としては生まれも育ちも西宮なので，できたら，西宮の学生さんとか農家さんとか，あるいは，我々のようなケーキ屋が，力を合わせていっしょに地元のお菓子を作れたらいいなという思いをもって，日々お菓子を作らせて頂いています。甲子園で一番のお菓子になれるように，がんばっていきたいなと思っていますので，是非，小学校の皆さんにも，この鳴尾いちごを育てていただいて，いっしょに力を合わせて頑張っていきたいなと思っています。頑張って育てていきましょう。

（2時間目の授業展開－Ａ）　鳴尾いちごの今後についての意見をワークシートに書く。

　2時間目は，これまでの学習を踏まえ，鳴尾いちごが今後どうなるべきかを考えるという本単元の総括的な学習である。ここでは地域社会の課題の解決に向けて話し合うという児童同士の協働を通じ，自分の考えを広げ深めることをねらった。

　まず，5分間で個人ごとにワークシートに意見を記入させた。このワークシートは両面印刷である。表面には，「鳴尾いちごは，これからどのようになったらいいと思いますか。自分の考えを書きましょう」と問い，続けて，「そのために，みなさんやちいきの人は，どのようなことをすればよいと思いますか」という課題を解決する方法を書く問いを設けた。そして，他者との話し合いを通して，広がったり深まったりした自分の考えを再度書くことができるよう，裏面に同じ問いを設けた。

　図 6-2 は，児童 C による実際のワークシートの記入例である。児童 C は，表面に「まちのみんなにしってほしいです。」と述べ，そのために，「まちのみんなに　なるおいちごを　わたしたちがそだてたやつを　まちの人にあげてまちのみんなにしってもらう。」という課題の解決に向けた自分の考えを書き込んでいる。

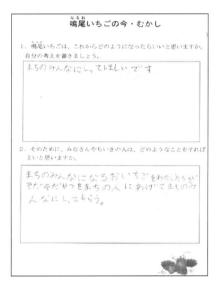

図 6-2 ワークシートの記入例

（2時間目の授業展開－Ｂ）グループで鳴尾いちごの今後についての意見を交流し，全体で共有する。

　個人ごとにワークシートに考えを記入した後，12分間でグループごとに，それぞれの意見を交流させた。そして，他者との話し合いを通して，自分の考えが広がったり深まったりしたことを全体の場で数人に発表させた。

表6-7は，グループでの話し合いの記録（D班・一部抜粋）である。児童は，「いちごを育てる人を増やして，畑も増やしたらいいと思います。そのために，いちごの育て方を知っている人を呼んだらよいと思います。」「またいちごが，昔の鳴尾みたいになればいいなと思います。そのために，電車の中にチラシを貼るのと，バスに車内広告を貼る。」などと，ワークシートにそれぞれが書いた考えを伝え合っている。その後，「おいしくなってほしい。増やしたい。いちごをみんなに食べてほしい。」という，ある児童の意見に対して「みんなで食べてほしいから，畑をいっぱい作る。」「畑をいっぱい作るんだったら，土がいる。」「土を作る工場とか？」「みんなに食べてほしいなら，畑を作って，鳴尾いちごを作る人をいっぱい増やしたらよいと思います。」「いっぱいチラシを作る。」など，鳴尾いちごの保存や継承を図るための栽培の方法や周知の仕方などについて，願いやアイデアを次々に出し，主体的，協働的に解決策を話し合っている様子がうかがえる。

このグループでの話し合いでは，まず，ワークシートに自分の意見を記入させたうえでグループでの話し合いに参加させたことが，話し合いの内容を活発にしたことにつながったといえる。

表6-7　グループでの話し合いの記録（D班　一部抜粋）

児30	いちごを育てる人を増やして，畑も増やしたらいいと思います。そのために，いちごの育て方を知っている人を呼んだらよいと思います。
児31	また，いちごが，昔の鳴尾みたいになればいいなと思います。そのために，電車の中にチラシを貼るのと，バスに車内広告を貼る。
児32	町中に広がってくれたらいいです。いちご狩りがまたできたら，スーパーで売ったりしたら，よいんじゃないですか。
児33	おいしくなってほしい。増やしたい。いちごをみんなに食べてほしい。
児34	そのために？
児35	それをみんなで作戦会議するんだよ。
児36	みんなで食べてほしいから，畑をいっぱい作る。
児37	畑をいっぱい作るんだったら，土がいる。
児38	土を作る工場とか？
児39	みんなに食べて欲しいなら，畑を作って，鳴尾いちごを作る人をいっぱい増やしたらよいと思います。いっぱいチラシを作る。

続いて，表6-8は，グループでの話し合いの後に，自分の考えが広まったり深まったりしたという児童が，その内容を学級全体の場で発表している場面である。ここでは，各グループで交流したことをさらに全体の場で紹介させることにより，

学びをさらに深めることをねらった。そして，この後にワークシートの裏面に最終的な自分の考えを記入させた。

　全体の場で出た意見は「違う国にチラシを配る。」「みんなが乗る乗り物にポスターを貼る。」などの鳴尾いちごの存在を多くの人に周知する手段について意見が出されたが，そのなかでも「カレンダーの下に書ける

写真 6-6　　自分の意見を書く児童

場所の半分にいちごの絵とか写真を載せたい。」という，児童の実生活の中で日々，目にするカレンダーに鳴尾いちごの絵や写真を載せて周知を図るというアイデアに多くの児童が賛同していた。

　また，「ニュースとかテレビで町中に広げる。」という意見に教師が「ニュースとかテレビに出るためには，みんなどうすればよいかな」と全体に問いかけると，「いちご畑とかを増やして，鳴尾をいちご畑の町にする。」と昔の鳴尾村のように地域を鳴尾いちごで有名にしたいという願いが出された。これは1時間目に，昔と今の鳴尾いちごについて学んだことを踏まえて出された意見である。

　最後に，ワークシートの裏面に最終的な自分の考えを記入させた。前述の児童Cは，グループでの話し合いを通じて，「シェフのみなさんにてつだってもらって，ケーキとかに，なるおいちごをのせてもらって，なるおいちごのことをしってもらう。」という新たなアイデアを書き足している。このことから，児童Cは他者との交流を通じて自分の思考を広げ，鳴尾いちごを使った洋菓子を販売して周知を図るという，市場を使った方法の有効性に気がついていることがわかる。

　以上のように，本単元の2時間目に設定した協働的な学びにおいては，これまでの学習を踏まえ，鳴尾いちごが今後どうなるべきかを考えるというまとめとなる活動ができた。地域では鳴尾いちご栽培の保存や継承の取り組みがあり，そうした工夫や努力を実感しつつも，栽培する人が少なく発展することが困難な鳴尾いちごの今後を，他者と協働して2年生なりに思考して表現することができたといえよう。

表6-8　授業記録（2時間目の授業展開-B）

教35	それでは，班で話し合いをして，みんなの意見を聞いて，これはいいなと思うような作戦があれば，みんなの前で教えてください。
児40	違う国にチラシを配る。
教36	英語を使う国とか，いろんな国を調べて，よい勉強になるかもね。
児41	カレンダーに「鳴尾いちごを育てていますよ」って，西宮市のみんなに教えて，それで鳴尾いちごを人気にさせる。
教37	家にカレンダーがあって，鳴尾いちごカレンダーを作る。なるほど。
児42	カレンダーの下に書ける場所の半分にいちごの絵とか写真を載せたい。
教38	みんなの描いた絵とか，もしかしたら，学んだ事とか，鳴尾いちごの秘密とか，そんなことをカレンダーに書いてもよいね。
児43	みんなが乗る乗り物にポスターを貼る。
教39	ポスター，さっきも昔のポスターがあったみたいな形で広めていく。他にポスターのこと書いたところなかった？はい，どうぞ。
児44	ニュースとかテレビで町中に広げる。
教40	ニュースとかテレビに出るためには，みんなどうすればよいかな。何もしなかったら来ないよね。どうすれば来るのだろう。
児45	頑張ったら。
教41	何を頑張るの？
児46	いちご畑とかを増やして，鳴尾をいちご畑の町にする。
教42	したいよね。そのためには，学校の中にも畑があるから，あれをもっと広げていったり，みんなが育てたりしたら，有名になって来てくれるかもしれないね。でも，育てるだけだとだめだよね。頑張って育てて，そして，学んだ事を伝えたりしたら，一気に広がるね。
児47	パソコンやタブレットで写したりしたら，いいと思う。
教43	いいよね。すごい意見だね。タブレットでいちごの写真とか撮って観察して，あなたが言ったようなカレンダーに写真とか学んだこととかを載せるといいよね。

（2時間目の授業展開－C）　鳴尾いちごの育て方について知り，鳴尾いちごの苗を一人一鉢，栽培用の鉢に植える。（運動場に移動）

　2時間目後半部では，運動場に学習の場を移して，児童は鳴尾いちごの苗を一人一鉢ずつ植え付け，翌年度の春の収穫まで続く栽培活動をスタートさせた。児童はそれまでの学習によって，鳴尾いちごの栽培により関心・意欲をもって，この苗を植え付ける活動に取り組むことができていた。これは，実際に土にふれて苗を植え付けるという自然認識の

写真6-7　苗を植え付ける児童

基礎を育む活動である。

3　授業評価

　前節において，2021年度に実施した生活科授業実践の概要を論じた。本節では，総括的評価としての鳴尾いちごの今後の考察に関するワークシートを主要な対象として分析することで，本授業実践において第1節で示した4つの改善策が効果的に機能し，認知系・非認知系コンピテンシーの輻輳的な育成という目的を実現する授業になりえているかを検証していく。

　本授業の評価は児童のワークシートからの記述分析により行う。

　学習活動は児童の気付きの流れからみると，次のようにまとめることができる。①鳴尾いちごの栽培の歴史を理解する活動，②いちご狩りの文化を読み取る活動，③鳴尾いちごの衰退した過程と理由を考える活動，④鳴尾いちごの保存を図る人々の努力を知る活動，⑤鳴尾いちごの今後を考える活動。以下，これら5つの活動を視点として，本授業を評価する。なお，本単元は，自然領域と社会領域を統合して構成しているが，本小単元「鳴尾いちごの今・昔」では社会領域が主であるため，社会領域との関連を重視した評価を実施する。

①鳴尾いちごの栽培の歴史を理解する活動の評価

　①では，鳴尾いちごの歴史を線分図で実感し，継続することの素晴らしさに思いを寄せることで，時間意識といった基礎的な心的能力を養うことをねらった。同時に，校区の砂の多く混じった土に触れることで諸感覚を使って，植物と環境の関係に気付かせようとした。

　線分図を提示したことにより，児童は鳴尾いちご栽培の歴史の長さを視覚的に理解することができていた。そして，「継続することの素晴らしさ」に加えて，台風被害や戦争，都市化などの要因による「継続することの大変さ」も感じていたようである。表6-9に示した児童のワークシートの記述のうち着目したいのは，児童Dの「なるおいちごがおいしくなってほしい。そのためにじぶんたちがおいしくそだてる。そのために土や水もいる。」の箇所である。児童Dはよりおいしいいちごを収穫するためには，いちごに適した土と水やりなどの世話が必要であると，植物と環境の関係を認識していることがわかる。

①では，継続性に着目して時間意識を育成する社会認識を中心とした学習活動において，自然認識が自ずと獲得されており，社会認識と自然認識を統合的に育成する学習活動になりえていると判断される。

②いちご狩りの文化を読み取る活動の評価

②では，当時，いちごの収穫において実際に使われた籠やいちご狩りについて書かれたエッセイ，昔のいちご狩りや栽培の様子の写真，販売に向けた子どもの手伝いの様子を伝える郷土資料館の資料といった多様な資料を使って，土地利用や生活道具，そして，人々の生活の変化や不変に気付かせることをねらった。

児童は，昔のいちご狩りや栽培の様子の写真などの多様な資料にふれることにより，地域の先人の栽培や販売に向けた工夫や努力を感じ取ることができていた。それが児童のワークシートにおける，いちご栽培を継承するための多様な方策の記述に反映されている。例えば，児童Eは「なくならないでほしい。いちごがどうぶつに食べられないようにあみとかわなとかしかけておく。たくさんいちごがふえてほしい。（そのために）いちごをまもる。わなを作る。たくさんいちごをそだてる。」と書いている。

②では，今と昔のいちご狩りの比較から，時間の継続性と断続性からなる時間意識だけでなく，鳴尾いちごをこの地域の文化として保存することに対して動機づけられ，主体的で意欲的な態度の育成がなされている。

③鳴尾いちごの衰退した過程と理由を考える活動の評価

③は，盛んであったいちご栽培が衰退した理由を台風や戦争に関する写真から検討したり，今と昔の地域の航空写真を比較したりすることで把握する活動である。協働で写真資料を比較することで，各時期において人々がその地域の発展のためになした努力を感じ取らせ，視覚的な変化からいちご栽培が衰退した理由に気付かせようとした。

児童は台風や戦争がいちご栽培に与えた影響について，写真資料をもとにしてペアで話し合い，意欲的にいちご栽培が衰退した理由を考えることができていた。特に，児童が興味をもったのが，昭和17年と現在の航空写真との比較から地域の土地利用の視覚的な変化を見つけ出す際である。そのときに児童はすぐに自分た

ちの N 小学校の場所を見つけだし，そこから地域が都市化していったイメージを具体的にもつことができたようである。また，地域で唯一のいちご農家の A さんの畑が昔も今も同じところにあること見つけたときには，過去から現在まで保存，継続をするためのさまざまな工夫や努力があったであろうことを実感していた。

　なお，児童のワークシートの記述のうち着目したいのは，児童 F の「いっぱいいちごのはたけがふえていちごをいっぱいたべられたらいいと思います。(そのために) くふうをしておいしくしたり，もうつぶすマンションや大きい家がつぶれたところにつくったらいいと思います。」である。児童 F は，家が建ち並ぶ現在の地域において，もし，土地が空くのならいちご畑にしたいと，地域の現実的な問題を捉えつつ，その中でできる範囲の土地活用の問題を考えることができている。

　③では，イチゴ栽培の衰退を視覚的に捉えることで興味を深め，土地利用の観点から衰退原因とその解決策を意欲的に協力して考察し，自分なりの根拠に基づいた意見表明ができたと評価できる。

④鳴尾いちごの保存を図る人々の努力を知る活動の評価
　④は，現在において鳴尾いちごの保存を図る人々の話を視聴する活動である。唯一のいちご農家となっても栽培し続ける A さんの思いに共感し，学校で自分たちが鳴尾いちごを栽培する意味を実感したり，鳴尾いちごを使った地域の銘菓作りに励む B さんの話から商品を開発，販売する工夫や努力を感じ取ったりすることで，市場経済の基礎的な仕組みに気付かせようとした。

　ここでは，いちご農家の A さんの「ここだけになってしまいましたが，鳴尾いちごの歴史を継いで，作り続けたいと思っています。」というメッセージを読んだ際に，児童は鳴尾いちごを保存や継承することの素晴らしさを感じたようである。また，地域の洋菓子店の B さんの鳴尾いちごを使用した洋菓子の開発と販売についてのビデオメッセージも児童の心に残ったようで，ワークシートにおいても，児童 C は「なるおいちごのことをまちのみんなにしってほしいです。(そのために) シェフのみなさんにてつだってもらって，ケーキとかになるおいちごをのせてもらって，なるおいちごのことをしってもらう。」と鳴尾いちごを周知する方法として，鳴尾いちごを使用した洋菓子を市場で販売することを新たに提案することができている。

④では，鳴尾いちごの保存を図る人々の思いや考えに対する共感的な理解を，市場経済の仕組みに関する社会認識の基礎を踏まえた保存に向けた提案へとつなげており，認識に裏づけられた児童の思考の深まりがみられる。

⑤鳴尾いちごの今後を考える活動の評価

　⑤は，これまでの学習を踏まえ，鳴尾いちごが今後どうなるべきかを考えるという本小単元の総括的な活動である。いちご栽培の保存や継承の取り組みがあり，そうした工夫や努力を実感しつつも，栽培者が少なく発展することが困難な鳴尾いちごの今後を，品種や栽培方法といった自然領域，市場経済といった社会領域の両面からの気付きを発展させて，自分なりに表現することをねらった。

　学習活動においては，個人ごとにワークシートに考えを記入し，その後，グループごとにそれぞれの意見を交流させた。そして，他者との話し合いを通して，自分の考えが広がったり深まったりしたことを再度，ワークシートに書かせた。児童は最初に書いた自分の意見や方策をもとにグループでの話し合いに参加し，他者との交流によって，広めたり深めたりした自分の意見を表 6-9 に示しているように自然領域，社会領域の両面から 2 年生なりに表現することができていた。

　例えば，児童 G は，ワークシートに鳴尾いちごを周知する方策について，最初は「チラシやしんぶんしを作る。」と書き，他者との話し合いを通して「タブレットやパソコンをつかう。本を作る。」と考えを深めることができている。一方，児童 H は，鳴尾いちごを保存，継承する方策として，最初は「いちごのおてつだいをしたい。ふえるから。いちごのたねをあげて，いちごをそだてて，もっといちごをうってほしい。」と鳴尾いちご農家の A さんの手伝いをすることなどを提案しているが，他者との交流後は「なえをプレゼントする。カレンダーとかに，あまったところとかに，いちごの絵をかいたりする。ちらしも書いたりしたらいい。」とより考えを広げ，他力に頼るだけではなく，より主体的な方策を書くことができている。

　⑤では，①～④の学習活動，⑤でのグループや全体での活動を経ることで，鳴尾いちごを栽培していた昔の人々，現在の鳴尾いちごの保存を図る人々，保存・継承する方策を考える同級生といった多様な他者に共感して動機づけられ，自分にもできることを意欲的，主体的に考察することで，社会認識と自然認識を統合

した豊かな認識を根拠とした自分の意見の表明ができるようになっている。

　以上，ワークシートの記述内容に基づいた①～⑤の学習活動の分析から，いずれの学習活動においても，各学習活動に関わるワークシートの記述内容は社会認識と自然認識を活かした多様な論点や視点に基づいており，児童の意見表明は社会認識と自然認識を踏まえた根拠を持ったものになっていると判断することができる。これは，鳴尾いちごの歴史や栽培の工夫や努力，鳴尾いちごの今後の考察に多くの時間を充て，さらに児童の考察を深めるための資料の精選，今昔の対比的比較，個人活動やグループ活動，全体での活動を組み合わせた協働的な話し合い活動を組み入れるという第1節で示した改善策が有効に機能している証左であるといえる。本授業実践は，児童が鳴尾いちごの衰退という地域文化の消滅の危機に直面することで動機づけられ，その保存に向けて主体的，協働的に社会認識と自然認識を統合した認識を活用した方策を提案しており，まさに認知系コンピテンシーと非認知系コンピテンシーが輻輳的に育成するものになっていることが明らかとなった。

表6-9　ワーシートの記述内容（一部抜粋）

児童	＜表面＞どのようになったらいいか①	どのようなことをすればよいか①	＜裏面＞どのようになったらいいか②	どのようなことをすればよいか②
C	まちのみんなにしってほしいです。	まちのみんなになるおいちごをわたしたちがそだてたやつをまちの人にあげてまちのみんなにしってもらう。	なるおいちごのことをまちのみんなにしってほしいです。	シェフのみなさんにてつだってもらって，ケーキとかになるおいちごをのせてもらって，なるおいちごのことをしってもらう。
D	なるおいちごが，ふえてほしい。	じぶんたちもつくる。	なるおいちごがおいしくなってほしい。	そのためにじぶんたちがおいしくそだてる。そのために土や水もいる。
E	ほかの国にも広がってほしいです。鳴おいちごがおいしくなってほしい。いちごの畑をふやしてほ	いちご畑をふやしてほしい。鳴おいちごがほかの国でも食べられるから。	なくならないでほしい。いちごがどうぶつに食べられないようにあみとかわなとかしかけておく。	いちごをまもる。わなを作る。たくさんいちごをそだてる。

			たくさんいちご がふえてほしい。	
F	いっぱいいちご のはたけがふえ ていちごをいっ ぱいたべられた らいいと思いま す。	くふうをしておい しくしたり、もうつ ぶすマンションや 大きい家がつぶれ たところにつくっ たらいいと思いま す。	しゃしんをとっ てカレンダーに のせて、いちご のことをしらせた いです。	そのためには、カ レンダーをいっぱ い作りなおして、 しゃしんをいっぱ いとるカメラマン がひつようなの で、とってもらう のではなく、今ま でとったいちごの しゃしんをもらう というさくせんが いいと思います。
G	もっと多くの人 に鳴おいちごを 知ってほしいで す。	チラシやしんぶん しを作る。	せかいじゅうの 人に広める。	タブレットやパソ コンをつかう。本 を作る。
H	いっぱいふえて ほしい。自分たち でできたらやる。 はたけが、いっぱ いふえてほしい。	いちごのおてつだ いをしたい。ふえ るから。いちごのたね をあげて、いちごを そだてて、もっといち ごをうってほし い。	いちごのたねの ところをわけて あげる。はたけを もうちょっとふ やして、なえとか もかったらいい と思います。	なえをプレゼント する。カレンダー とかに、あまった ところとかに、い ちごの絵をかいた りする。ちらしも 書いたりしたらい い。

4　総括

　第5章の冒頭で示した通り，認知系・非認知系コンピテンシーを輻輳的に育成する生活科授業の開発を図ったのは，日本の生活科の課題を克服する生活科教育の新しい展望を考察することをめざしているからであり，この考察こそが本書全体を通した目的である。

　本学習指導計画案は，学習指導要領の主旨を反映した生活科授業であることを前提とする。まず，鳴尾いちごを通して地域の生活に関わり，諸感覚を働かせながら，多様な資料にふれたり栽培をしたりするなどして，地域やそこに暮らす人々に直接，働きかけている。次に，資料をもとに鳴尾いちごの歴史や今後の在り方について協働して考えることにより，社会認識や自然認識の基礎に基づく低学年らしい思考を育成することで，「活動あって学びなし」を脱却している。そして，鳴尾いちごの学習によって，地域に対する無自覚だった気付きが自覚化されたり，

一人一人に生まれた個別の気付きが協働によって関連付けられたりして，知識及び技能の基礎としての大切な気付きの質が高められている。従来の学習指導要領で図られてきた諸感覚を働かせて気付きの質を高めるだけでなく，その気付きを社会認識と自然認識といった知識の基礎へと発展させ，それに基づいて思考するという 2017 年告示版学習指導要領がめざす生活科授業を具現化しているといえる。

　結果として，本学習指導計画案は，本書全体を貫く問題意識としての生活科の 3 つの課題を克服している。鳴尾いちごの学習の中で，社会・情動的側面から諸感覚を発揮して気付いたことが認識の基礎へとつながり，それが気付きをさらに深めるという認知系コンピテンシーと非認知系コンピテンシーの相互作用がなされ，「活動主義」が克服されている。社会と自然各領域の認知系コンピテンシーと非認知系コンピテンシーを確定し，その育成を測定する評価規準を設定することによって生活科内での「社会領域と自然領域の水平的な統合論理の欠如」を補っている。同様に，認知系・非認知系コンピテンシーの確定と評価規準の設定により，社会科や理科といった「教科の垂直的な接続論理の欠如」も解消している。

　本章のこれまでの考察から，本学習指導計画案では，「活動主義」，「社会領域と自然領域の水平的な統合論理の欠如」，「教科の垂直的な接続論理の欠如」という 3 つの課題を克服する上で，認知系コンピテンシーと非認知系コンピテンシーが有効に機能しており，本学習指導計画案が認知系・非認知系コンピテンシーを輻輳的に育成する生活科授業になりえていることを明らかにした。本学習指導計画案においては，認知系コンピテンシーと非認知系コンピテンシーは切り分けられることなく，両コンピテンシーが相互に機能しあうことで，気付きが認識の基礎につながり，さらに認識が児童の情動に共感的に働きかけ，主体的，協働的な取り組みがもたらされている。日本の生活科の課題を克服する生活科教育の新しい展望とは，認知系コンピテンシーと非認知系コンピテンシーが輻輳的に機能することで，社会認識と自然認識の基礎を統合的に育成する生活科教育であるというのが本書の結論である。

【註】

1）2020 年の授業の実施の際には，新型コロナウイルスの感染拡大による時間的な制約が
あり，3 クラス合同で 1 時間の授業を行い，その後に鳴尾いちごの苗を植えるという流
れで学習を展開せざるを得なかった。また，感染症対策の観点から，授業の際，近くの
児童と 5 分程度しか話し合う時間を設定することができず，他者と意見を伝え合うこと
によって，自分の考えを広げたり深めたりする協働的な学びを十分に行うことができな
かった。2021 年度に実施する際には，事前に N 小学校の 2 年生担任の先生方と相談を
し，感染症対策に十分に留意しながらも協働的な学びの時間を確保するために授業の設
定を変更した。

2）鳴尾いちごの歴史については，西宮市鳴尾区有財産管理委員会『鳴尾村誌 1889-1951』
ぎょうせい，2005 を参考にした。また、授業で使用した実物資料、写真資料について
は、公益財団法人鳴尾会なるお会館の協力を得た。

おわりに

本書は JSPS 科研費「分化後の教科コンピテンシーの特性に着目した統合教科生活科の授業と評価モデルの開発」（JP19K02773：研究代表者 酒井達哉）の研究成果の一部である。この研究は、同「生活科において歴史教育の視点から社会認識の基礎を育成するスタンダード開発研究」（JP26381239）を土台にしつつ、第 2 学年までの生活科と第 3 学年以降に分化して後続する教科とを架橋し、認識の発展的構築を可能にするコンピテンシーを特定し、そのコンピテンシーを科学的認識の基礎として育成する生活科授業の開発にねらいを定めることで発展的に引継いだ研究として位置づけることができる。

この統合教科から分化した教科への架橋については、コンピテンシー構築に関わる授業開発研究の理論的好事例を主にドイツに求めるとともに、これまでの生活科教育学の知見に基づき、本科研の構成メンバーが共同で開発した授業計画を研究代表者自らが実践し検証することで、理論的アプローチと実践的アプローチとを架橋することを試みた。その研究成果は、これまで研究代表者・分担者が所属する大学の研究紀要、および、日本教科教育学会誌に公表されたものであるが、本研究を総括するにあたり、それらの研究成果を加筆・修正するとともに、新たに第 6 章を書き下ろすこととした。

本研究のために計画した検証的授業においては、COVID-19 感染が拡大したり落ち着いたりする不安定な情勢のなかで実施せざるをえなかった。このことの影響は小さくなく、授業で計画していた「対話的で協同的な学び」の展開を大幅にセーブせざるをえなくなってしまった。このことは残念であったとはいえ、困難な状況下であったにもかかわらず、最大限のご理解を賜り、授業実践にご協力くださった西宮市立N小学校の関係者各位に衷心より御礼を申し上げたい。

2022 年 12 月 5 日

執筆者一同

初出一覧

第 1 章： 宇都宮明子・原田信之「時間意識の育成という観点から捉える初等段階の歴史学習－ドイツ事実教授の教科書における時間学習を通して－」『佐賀大学教育学部研究論文集』第 1 集第 2 号，2017 年，pp. 33-45。

第 2 章：宇都宮明子・原田信之「歴史意識の連続的形成を図る初等・中等接続研究－ドイツ教科書の分析をもとに－」『日本教科教育学会誌』第 39 巻第 1 号，2016 年，pp. 73-83。

第 3 章： 原田信之・酒井達哉・宇都宮明子「歴史意識の基礎を育成する生活科授業開発－学校の今と昔に着目して－」名古屋市立大学大学院人間文化研究科編『人間文化研究』第 27 号，2017 年，pp. 119-142。

第 4 章：原田信之・酒井達哉・宇都宮明子「横断的・縦断的な接続を図る生活科の再構築－ノルトライン・ヴェストファーレン州事実教授レアプランを手がかりに－」名古屋市立大学大学院人間文化研究科編『人間文化研究』第 33 号，2020 年，pp. 39-63。

第 5 章：酒井達哉・原田信之・宇都宮明子「認知系・非認知系コンピテンシーを輻輳的に育成する生活科授業開発－統合教科の新しい展望に向けて－」『武庫川女子大学　学校教育センター紀要』第 7 号，2022 年，pp. 26-34。

著者紹介

酒井　達哉（さかい　たつや）
武庫川女子大学教育学部教育学科教授。博士（教育学）。
主著『感動を生み自信を育む　子どもと教師がともに成長する　総合的な学
習　充実化戦略のすべて』（共編著，日本文教出版，2006 年），『総合的な学
習の時間の指導法』（共編著，日本文教出版，2018 年）など。

原田　信之（はらだ　のぶゆき）
名古屋市立大学大学院人間文化研究科教授。博士（教育学）。
主著『ドイツの統合教科カリキュラム改革』（ミネルヴァ書房，2010 年），
『ドイツの協同学習と汎用的能力の育成』（あいり出版，2016 年），『カリ
キュラム・マネジメントと授業の質保証』（編著，北大路書房，2018 年）

宇都宮　明子（うつのみや　あきこ）
島根大学教育学部准教授。博士（教育学），博士（人間文化）。
主著『現代ドイツ中等歴史学習論改革に関する研究－現実的変革の論理
－』（風間書房，2013 年），『教師教育講座第 13 巻　中等社会系教育』（共
著，協同出版，2014 年），『新しい歴史教育論の構築に向けた日独歴史意識
研究－構成的意味形成を図る日本史授業開発のために－』（風間書房，2020
年）など。

社会認識と自然認識の基礎を統合的に育成する生活科授業

2023年 3月 31日　　初 版 発 行

著　者　　酒井 達哉
　　　　　原田 信之
　　　　　宇都宮 明子

発行所　　株 式 会 社　　三 恵 社
〒462-0056 愛知県名古屋市北区中丸町2-24-1
TEL 052 (915) 5211
FAX 052 (915) 5019
URL http://www.sankeisha.com

ISBN978-4-86693-699-4 C2037